AF579010

Poesía oscura de tiempos antiguos

Poesía oscura
de tiempos antiguos

Selección, prólogo y notas
E. Ehrendost

Editorial Alastor

Petrarca, Francesco [et al.]
Poesía oscura de tiempos antiguos
1ª ed. - Buenos Aires: Editorial Alastor, 2023
192 p.; 19,84 x 12,85 cm.

ISBN 978-987-26668-5-9

1. Poesía I. Petrarca, Francesco II. Título
CDD 861

Traducciones: E. Ehrendost
Diseño: E. M. B.

Ilustración de cubierta:
Monje a la luz de la luna
de Désiré Donny (1798-1861)

http://editorial-alastor.com.ar
email: info@editorial-alastor.com.ar

Buenos Aires - Argentina

PRÓLOGO

Let heaven kiss earth! Now let not Nature's hand
Keep the wild flood confin'd! Let order die!
And darkness be the burier of the dead!

William Shakespeare. *Henry IV, Part II.*

[«¡Que el cielo bese a la tierra! ¡Que la mano de la Naturaleza
abra paso a las olas impetuosas! ¡Que perezca todo orden!
¡Y que sólo quede la oscuridad para sepultar a los muertos!»]

La poesía de temática oscura, compuesta de manera subjetiva e inclinada a menudo a las ideas suicidas o al gusto por lo sobrenatural y macabro, fue sin duda una de las marcas distintivas de muchos de los más renombrados autores del Romanticismo y de las diferentes escuelas que lo sucedieron. Pero toda esa estética luctuosa y de horror, que tuvo su mayor eclosión y auge durante el período romántico, no fue algo que surgió espontáneamente de la nada, sino que experimentó un lento nacimiento y desarrollo que puede rastrearse, como mínimo, hasta aproximadamente unos cinco siglos antes, durante los albores de la Baja Edad Media.

Conviene entonces, diferenciando este tipo de poesía pasional y subjetiva de los típicos lamentos y obras fúnebres presentes desde la Antigüedad en forma de elegías, endechas, trenos, plantos y epitafios, comenzar posando la mirada en la Italia de inicios del siglo xiv. En el año 1308, Dante Alighieri toma la pluma para componer su inmortal *Divina comedia*, con sus nueve círculos infernales y su extenso catálogo de castigos y torturas, y, no muchos años después, Francesco Petrarca abandona su vocación de sacerdote tras enamorarse de una joven llamada Laura. Llevado por esa pasión no correspondida, el autor se lanza a la escritura de poemas amorosos, en especial sonetos, que seguiría componiendo durante toda su vida y que finalmente conformarían su *Canzoniere (Cancionero)*, una extensa colección de sonetos, baladas, canciones, sextinas y madrigales dedicados a Laura. En muchos de esos poemas, escritos tanto antes como después de la muerte de su musa, el autor lograba transmitir con inusual fuerza toda la angustia y desesperación de esa pasión jamás consumada, por lo que su obra se transformaría en modelo para generaciones enteras de poetas que, a lo largo de los siguientes siglos, elegirían vehículos similares para expresar sus lamentos amorosos. Pero la Italia del *trecento* aún tenía un último elemento que sumar a las encendidas quejas de Petrarca y las infernales imágenes de Dante, y llegaría de la mano del oscuro poeta cortesano Antonio Beccari da Ferrara, autor de la primera obra del género *disperata*. Esta poesía de tonos violentos y atormentados no tenía su génesis en una angustia del corazón, sino en la muerte del patrón que hacía de mecenas del poeta, condenado entonces a vagar de corte en corte en busca de protección y sustento, y se caracterizaba por un enorme cúmulo de furiosas maldiciones de ribetes casi metafísicos lanzadas por Beccari contra su propia vida y el universo entero. El autor de esta «novedosa canción de llantos y lamentos», como él mismo la denomina en su última estrofa, o *canzone disperata* (canción desesperada), como pasaría a ser popularmente llamada en lo sucesivo, daba así inicio a un nuevo género poético que resultaría clave en la evolución de la oscuridad literaria de los siglos subsiguientes, en los que no sería raro que autores de cancioneros petrarquistas incluyeran una *disperata* entre sus composiciones.

Un temprano ejemplo fue el del poeta errante Simone Serdini, también conocido como «il Saviozzo», que floreció durante el cambio de siglo y que, antes de cumplir con sus versos desesperados suicidándose en prisión, escribió varias *disperate* en las que logró conjugar el modelo y las pulsiones suicidas de Antonio Beccari, las motivaciones amorosas de Petrarca y numerosas referencias al Infierno de Dante. Introdujo además el uso de la *terza rima* (o terceto encadenado) que el florentino había utilizado en su *Divina comedia*, lo cual se volvería a partir de entonces la norma para la *disperata* italiana de los siglos XV y XVI. Uno de los muchos poetas que siguieron ese camino en el *quattrocento* fue Antonio Cammelli, o «il Pistoia», autor de acaso la obra más emblemática del género, tanto que suele ser conocida simplemente como *La Disperata*, fechada en 1497. En ella, casi todas las características típicas de la tradición alcanzan el mayor pico de su desarrollo: la contraposición entre el alegre y primaveral mundo exterior y el desgarrado universo interior del poeta; las amargas maldiciones; la pintura de paisajes desolados; las invocaciones a fieras salvajes y criaturas del inframundo; el solaz en la furia de los elementos; las imágenes violentas; las escenas apocalípticas e infernales; la pulsión de muerte y las quejas metafísicas. Otro caso notable del siglo XV fue el de Antonio Tebaldeo, autor de una de las *disperate* más difundidas, mientras que el petrarquismo tuvo un importante exponente en el español naturalizado italiano Benedetto Gareth, o «il Cariteo», que vertió sus lamentos amorosos en el cancionero *Endimione*.

Ya entrado el *cinquecento*, en pleno auge renacentista, la *disperata* comienza a experimentar su ocaso en suelo italiano, como lo evidencian numerosos ejemplos que dan muestras del agotamiento y la decadencia del género, entre los cuales, sin embargo, es posible destacar el caso de Pietro Aretino, poeta y dramaturgo cuya *disperata*, aunque carente de todo fuego, no deja de ser un ejercicio formal de impecable ejecución. El petrarquismo, por el contrario, iba a encontrar un fuerte rejuvenecimiento en la conmovedora pluma de la poetisa Isabella di Morra, cuya exigua obra (apenas diez sonetos y tres canciones) resultó suficiente para extender la influencia de sus lamentos, llenos de angustia existencial y sentimientos de irrevocable soledad, incluso hasta Giacomo Leopardi y el siglo romántico.

En esos mismos años surge en Francia un grupo de siete poetas que, encabezados por las figuras descollantes de Joachim du Bellay y Pierre de Ronsard, se hacen llamar a sí mismos «La Pléyade» y se proponen renovar por completo las letras francesas. Una de las características del movimiento consistía en la imitación de los clásicos y de los poetas italianos de los siglos precedentes, en especial de Petrarca y sus modelos de sonetos y cancionero, lo que sienta las bases del neopetrarquismo francés, que se volvería dominante a lo largo de toda la segunda mitad del siglo XVI y la primera del XVII. Du Bellay mostró esta influencia especialmente en su cancionero *L'Olive (El olivo)*, de 1549, y en las colecciones de sonetos *Les Antiquités de Rome (Las antigüedades de Roma)* y *Les Regrets (Los pesares)*, ambas de 1558. Sin embargo, el punto más interesante se encuentra en su obra *Vers lyriques (Versos líricos)*, también de 1549, en la que incluyó una oda intitulada «Chant du désespéré» *(El canto del desesperado)* que ofrecía claros ecos de la *disperata* italiana y que tres años más tarde tendría una ampliación en *La Complainte du désespéré (El lamento del desesperado)*. Del mismo 1552 es el cancionero *Les Amours de Cassandre (Los amores de Casandra)*, de Ronsard, que muestra un consciente esfuerzo por emular la obra de Petrarca, lo cual se magnificaría en su colección *Sonnets pour Hélène (Sonetos para Helena)*, de 1578.

Así sembrado el neopetrarquismo en Francia, numerosos son los autores que se entregan a la febril producción de sonetos y cancioneros que, tras Du Bellay y Ronsard, siguen de cerca el modelo del italiano, aunque añadiendo con profusión los sentimientos propios de la *disperata*. Algunos de ellos son Olivier de Magny, autor de *Les Souspirs (Los suspiros)*, de 1557, y *Les Amours (Los amores)*, de 1572; Philippe Desportes, cuyos cancioneros petrarquistas *Diane*, *Les Amours d'Hippolyte (Los amores de Hipólito)* y *Cleonice* fueron publicados entre 1573 y 1600; François Béroalde de Verville, que reunió sus primeros sonetos en *Les Souspirs amoureux (Los suspiros amorosos)*, de 1589; Siméon-Guillaume de La Roque, cuya primera colección de poemas data de 1590; y Flaminio de Birague, cuya poesía fue publicada en 1585 y destacó especialmente por su atracción hacia las escenas infernales y la oscuridad, como puede advertirse en su oda «Ya que la cruel hermana», en la que es evidente la influencia de las obras desesperadas de Du Bellay.

Con todo, es en el militar y autor barroco Théodore Agrippa d'Aubigné en quien la poesía oscura del período se manifestaría con mayor fuerza. Sus principales obras fueron *Les Tragiques (Los trágicos)*, de 1616, largo poema épico en el que se incluye el fragmento «Ved al cielo morir en un doloroso esfuerzo», que pasó a circular desde entonces por numerosas antologías de poesía francesa, y el cancionero *Le Printemps (La primavera)*, de 1573, que se subdivide en tres libros: uno de sonetos, llamado *Hécatombe à Diane*, otro intitulado *Stances* que reúne estancias de poesía desesperada, y uno de odas llamado *Odes*. El segundo es particularmente notable por la virulencia de su escritura y sus violentas imágenes, inspiradas principalmente en las experiencias del autor en la guerra. La primera de las estancias que componen este libro, «Todos aquellos que han probado cuántas muertes», ofrece tal vez el mayor acercamiento en lengua francesa a la tradición de la *disperata* italiana, con sus conocidas maldiciones, blasfemias, escenarios sombríos e invocaciones de penurias y calamidades, aunque adaptando todo ese habitual repertorio al modelo de la poesía francesa y añadiendo notables cuadros macabros o llenos de presencias demoníacas y sobrenaturales, todo lo cual la transforma en una de las obras cumbres del género.

El neopetrarquismo barroco del siglo XVII no se apartó de los senderos ya trazados por sus antecesores. Algunos de los nombres de este período son Estienne Durand, autor del cancionero *Les Épines d'Amour (Las espinas de Amor)*, de 1604, y de las *Méditations (Meditaciones)*, de 1611; el poeta y dramaturgo Théophile de Viau, que enfrentó exilio y eludió condenas a muerte por irreligioso, y cuya primera colección de obras vio la luz en 1626; el notable François l'Hermite du Solier, más conocido como Tristan l'Hermite, que en 1633 reunió sus primeros sonetos, elegías y estancias en la colección *Les Plaintes d'Acante (Los lamentos de Acante)*, cancionero que cinco años más tarde ampliaría con el nuevo título de *Les Amours de Tristan (Los amores de*

Tristán); y Marc-Antoine Girard de Saint-Amant, de cuya obra es particularmente relevante el poema *La Solitude (La soledad)*, escrito alrededor de 1620, en el que adopta el lado más contemplativo de las odas desesperadas pero, al igual que Agrippa d'Aubigné en sus estancias, enriqueciéndolo con toda clase de imágenes románticas y sobrenaturales. Algunas de sus estrofas, traducidas por la poetisa Katherine Philips, formarían tiempo después la base de la lúgubre canción *O Solitude*, del compositor inglés Henry Purcell.

Llegamos así a Gran Bretaña, que no se había mantenido del todo ajena a estos movimientos de la Europa continental: ya sir Philip Sidney y William Shakespeare habían adaptado de manera bastante libre el soneto petrarquista, Samuel Daniel había publicado en 1592 un cancionero intitulado *Delia* que respetaba la tradición de la obra del italiano, y la melancolía del lamento amoroso heredero del petrarquismo se hacía también perceptible en las canciones de John Dowland y de la mayoría de los laudistas y virginalistas británicos de la época. Pero el más profundo acercamiento de la poesía inglesa a la oscuridad no llegaría sino hasta la mitad del siglo xvii de la mano del colosal poeta John Milton, quien ya en 1637 había dado unos primeros pasos con la elegía pastoral *Lycidas*, compuesta tras la muerte de su amigo Edward King, pero que en 1645 desató todo su genio en dos poemas gemelos con títulos en italiano: *L'Allegro (El alegre)* e *Il Penseroso (El melancólico)*. Estos poemas, de novedoso aliento y en los que el autor alcanzaba insólitos pináculos de grandeza, se caracterizaban por su vertiginoso vuelo a través de imágenes bucólicas, escenas sobrenaturales y referencias literarias, y el segundo de ellos, con su celebración de la meditación y la melancolía, se volvería una influencia capital en la futura poesía británica de temática oscura. Por si no alcanzara con ello, el autor aún nos reservaba su obra maestra, *El paraíso perdido*, que vería la luz en el año 1667. Las pinturas que hace allí del Infierno y de la casi prerromántica figura de Satán, desgarrado por sus agonías y sus luchas internas, permanecerían por siempre como una de las mayores cumbres de la oscuridad literaria de todos los tiempos.

Ya en el siglo xviii, el clérigo irlandés Thomas Parnell, influenciado por algunas obras de John Donne, por *Il Penseroso* de Milton y por la poesía de su amigo Alexander Pope, escribe su *A Night-Piece on Death (Nocturno sobre la muerte)*, que, publicado por Pope en 1721, da inicio a la escuela de los *graveyard poets* (poetas de cementerio). Lo suceden primero el inglés Edward Young, quien entre 1742 y 1745 publica las nueve partes (o «noches») de su obra *The Complaint, or Night-Thoughts on Life, Death & Immortality*, más conocida como *Night-Thoughts (Pensamientos nocturnos)*, que terminaría de popularizar la temática (su influencia se extendería aun hasta las tardías *Noches lúgubres* de José Cadalso, publicadas en 1790), y luego el escocés Robert Blair, que en 1743 publica su poema *The Grave (La Tumba)*, una extensa danza macabra en la que esta estética alcanza su madurez. Aun así, la cima desde el punto de vista poético recién llegaría en 1750 con la composición, por parte del inglés Thomas Gray, de *Elegy Written in a Country Churchyard (Elegía escrita en un cementerio rural)*, obra que pronto comenzaría a tener una enorme influencia en el género elegíaco británico. Si bien el rótulo de «poetas de cementerio» suele circunscribirse formalmente a estos cuatro autores, en un sentido más laxo se aplica también a otros que, en el mismo período, incursionaron en una escritura gótica y lúgubre que rindió homenaje, siguiendo los pasos de *Il Penseroso*, a los estados de ánimo melancólicos. Algunos ejemplos son William Collins, James Hervey y los hermanos Joseph y Thomas Warton, célebre el primero de estos por sus *Odes on Various Subjects (Odas sobre diversos temas)*, de 1746, y por *The Pleasures of Melancholy (Los placeres de la Melancolía)*, de 1747, el segundo.

La siguiente mitad del siglo estuvo marcada en Gran Bretaña por el creciente auge del medievalismo, lo cual constituía ya un claro síntoma prerromántico. Así, en 1764 el inglés Horace Walpole, influenciado por Pope (en especial por la oscuridad y el sentimentalismo de su *Eloisa to Abelard*) y por los poetas de cementerio, publicó, fingiendo que se trataba de la traducción de una obra medieval, la novela gótica *The Castle of Otranto (El castillo de Otranto)*, origen de toda la ulterior literatura de horror; en 1765 el irlandés Thomas Percy hizo lo propio con una colección de baladas tradicionales que reunió bajo el título de *Reliques of Ancient English Poetry (Reliquias de antigua poesía inglesa)*, cuya influencia sobre J. W. von Goethe, Friedrich Schiller y Gottfried Bürger sería seminal para el nacimiento del Romanticismo germano; y, entre 1760 y 1770, el escocés James Macpherson y el inglés Thomas Chatterton dieron a conocer, al igual que Walpole, obras en un estilo arcaico asegurando que se trataba del redescubrimiento de poesías de antiguos autores olvidados: el bardo gaélico Ossian y el monje del siglo XV Thomas Rowley, respectivamente. Los poemas de «Ossian» se caracterizaban por su omnipresente melancolía, como puede advertirse en *The Song of Colma (La canción de Colma)*, y entre los de «Rowley» era posible encontrar numerosas elegías visiblemente influenciadas por la de Gray, además de otras cuya notable libertad se volvería una enorme influencia para la poesía ya romántica de Lord Byron, P. B. Shelley y John Keats. Si bien en 1798, con la publicación conjunta de sus *Lyrical Ballads (Baladas líricas)*, Samuel Taylor Coleridge y William Wordsworth iban a transfigurar toda esta tradición para abrir camino al Romanticismo británico, aún quedaba lugar para figuras en las que confluirían inalteradas muchas de las previas corrientes oscuras. Un caso fue el de Charlotte Smith, poetisa que, al igual que Isabella di Morra, iba a abrevar en las fuentes de Petrarca (aunque más aún en las de Milton, Shakespeare y Gray) y erigirse, con sus melancólicos *Elegiac Sonnets (Sonetos elegíacos)*, de 1784, en una insoslayable influencia para los poetas románticos, en especial Keats; otro fue el del actor escocés Gavin Turnbull, cuyos *Poetical Essays (Ensayos poéticos)*, de 1788, iban a ofrecer numerosas odas y elegías con un claro influjo de *Il Penseroso* de Milton y la *Elegía* de Gray.

Pero para estas fechas ya el Romanticismo literario había comenzado en Alemania y pronto se extendería por Gran Bretaña y el resto de Europa, con lo que la oscuridad literaria empezaría a fluir por nuevos cursos que pueden seguirse en nuestro volumen de *Poesía oscura romántica*. Huelga decir que, por obvias razones de extensión, una inexcusable cantidad de autores, obras y escuelas han quedado fuera de este recorrido que lleva, a través de cinco siglos, de la Edad Media al prerromanticismo, pero esperamos que la acotada selección presentada en esta obra, así como los numerosos poetas, en su gran mayoría olvidados, exhumados en estas traducciones alcancen para dar al lector un interesante panorama de la evolución de las temáticas oscuras en la poesía occidental y le brinden un buen punto de partida para, según sus inclinaciones o los caprichos de su curiosidad, seguir indagando y buceando a través de estos vastos y apasionantes corpus de literatura olvidada, aún perdida en la brumosa noche de los tiempos antiguos.

E. Ehrendost

Poesía oscura de tiempos antiguos

Francesco Petrarca

Solo y pensativo

Solo y pensativo las tierras más desoladas
voy midiendo con pasos tardos y lentos,
y presto a huir mantengo mis ojos atentos
al menor vestigio de cualquier huella humana.

No encuentro otro escudo que me proteja
de ante la ajena mirada quedar expuesto,
pues en toda la extinta alegría de mi aspecto
bien puede leerse el fuego que me atormenta.

Por eso creo que ya los montes, las costas,
los ríos y los bosques conocen los extremos
de mi vida, que a los otros oculta mantengo.

Pero nunca senderos tan ásperos y salvajes
he podido hallar a los que Amor[1] no me siga
para hablar conmigo y yo con él todo el día.

[1] Amor era el nombre que en la poesía latina se daba al dios romano Cupido, equivalente al Eros griego, divinidad del deseo amoroso.

Oh, pasos errantes

¡Oh, pasos errantes; oh, voluble mente;
oh, tenaz memoria; oh, brutal ardor;
oh, poderoso deseo; oh, débil corazón;
oh, ojos míos, ya no ojos sino fuentes;

oh, laurel que honráis sienes famosas,
una sola insignia para dos clases de valor;
oh, fatigosa vida; oh, dulce error
que me hacéis frecuentar montes y costas;

oh, bello rostro en el que Amor depositó
las bridas y espuelas que me someten
y contra las cuales en vano es rebelarse;

oh, almas gentiles y amorosas, si las hay,
y vosotras que sólo polvo y sombra sois:
venid y ved si hay mal que al mío iguale!

Todo el día lloro

Todo el día lloro; y durante la noche,
cuando descansan los míseros mortales,
sigo llorando aún, redoblados mis males,
y así entre lágrimas mi tiempo corre.

En tristes humores mis ojos se anegan,
y en dolor mi corazón; y no hay animal
al que las saetas de Amor hieran igual
y a toda hora lejos de la paz así mantengan.

¡Ay!, sol tras sol y sombra tras sombra,
ya he soportado la mayor parte del curso
de esta muerte que todos llaman «vida»;

y más que mis males me afecta ajena culpa:
pues esa Piedad a la que me he confiado
me ve arder en el fuego y no me ayuda.

Ave más solitaria que yo

Ave más solitaria que yo en ningún techo
jamás ha visto nadie, ni en bosque fiera,
pues no conozco más sol que su belleza,
y, vedada esta, mis ojos no tienen objeto.

Llorar sin pausa se ha vuelto mi contento;
la risa, dolor; la comida, venenoso ajenjo;
el día, oscuridad; la noche, tormento;
y un triste campo de batalla mi lecho.

Verdaderamente es el sueño, como dicen,
hermano de la muerte, pues a mi corazón
sustrae del deseo que en vida lo oprime.

¡Únicos lugares felices en todo el mundo,
oh, riberas floridas y montes umbrosos,
vosotros poseéis ese bien que yo lloro!

Antonio Beccari da Ferrara

Las estrellas universales y los cielos que giran

¡Las estrellas universales y los cielos
que giran, toda su enorme influencia,
el movimiento eterno y toda su fuerza,
y especialmente las características,
las inclinaciones y las disposiciones
con las que han dotado a mi naturaleza,
así como el fuego que nunca se extingue
y todo el aire, el agua y la tierra
que en mi humana forma se integran
sean malditos junto con todo su poder!
¡Maldito el deseo que empujó a mi padre
a insuflar en mis atribulados miembros
su semilla y todo este amargo dolor!
¡Maldito también el cuerpo de mi madre,
donde se consumó la terrible unión
de mi alma infeliz y esta pobre arcilla,
más dolorosa que aquella de Yocasta[1]!

¡El inesperado momento en que nací
y el calor, las lluvias y los vientos
que me recibieron sean malditos!
¡Malditos los nutrientes y las ropas
que aseguraron en su comienzo la vida
que me dio motivo para estos versos!
¡Malditos sean de una punta a la otra
el agua, las sales y la pila bautismal
de mi cristianismo, y aquel que me dio
mi nombre en aquel aciago momento!
Niño era cuando, como amuleto,
un grupo de tres dados me fue colgado
del cuello en una pequeña bolsa.
¡Maldita sea la estrella que me hizo
vagar a través de todo el mundo
con mucha más tristeza de la que pudo
sentir Edipo[2] al arrancarse los ojos!

---

[1] Esposa de Layo, rey de Tebas. Su primer hijo, Edipo, fue abandonado en un monte al nacer. Ya adulto, Edipo dio muerte a su padre y desposó a su madre sin saber de quiénes se trataba. Según algunos autores, Yocasta se suicidó al descubrir la verdadera identidad de Edipo; según otros, cuando dos de sus hijos fruto del incesto se mataron entre sí.

[2] Edipo se arrancó los ojos al descubrir que había matado a su padre y desposado a su madre.

¡El mil trescientos quince, año en que nací,
un tiempo cruel y perverso,
enemigo de la virtud, maldito sea,
así como mi mala fortuna y el sitio
en el que pasé mi temprana edad
con mi padre sumido en la pobreza!
¡Malditas las buenas intenciones
con las que de ese vil estado
quiso mejorar mi posición llevándome
de la animal ignorancia a la ciencia!
¡Malditos los esfuerzos y el sudor
que mis estudios me costaron;
malditos los saberes adquiridos,
que han centuplicado mis dolores;
y maldito el país donde estudié
y en el cual aún sigo pensando,
más triste que Hécuba[3] en sus furores!

¡Mi vano entendimiento, mi lengua suelta
y la altivez de mi ánimo sean malditos,
así como el tiempo vagabundo,
puesto que soy tan pusilánime
que una simple partida de dados
puede hacerme feliz o desdichado!
¡Malditas las tierras y el vasto mundo
por los que tanto he buscado,
por siempre pobre y descarriado,
sin nunca encontrar suerte alguna!
No sé qué luna es la que rige mi vida:
tan sólo sufro, suspiro y lloro,
y ni de esto mi mente es digna.
¡Malditos los suspiros y los gritos
que dejo escapar en el fango
de esta miserable vida, más graves
que los de Job[4] en el colmo de sus males!

---

[3] Última reina troyana, esposa de Príamo y madre de Héctor, Paris y Polidoro, entre otros. Según Ovidio en sus *Metamorfosis* (Libro XIII, versos 399 y ss.), tras la caída de Troya fue desterrada junto a otras cautivas a Tracia, donde, al descubrir que el rey Poliméstor había dado muerte a su hijo Polidoro, le arrancó los ojos poseída por la furia. Tras ello, fue asediada por los tracios hasta que los dioses la transformaron en una feroz perra negra.

[4] Según el libro de Job, uno de los libros sapienciales del Antiguo Testamento, Dios permitió a Satán poner a prueba la fe de Job enviándole toda clase de calamidades e infortunios.

¡Malditos los servicios recibidos,
y malditos también los que a otros
con palabras o la bolsa he prestado!
¡Malditos mis silencios y la expresión
de mis agudos y punzantes dolores!
¡Maldita la Muerte que no viene
a atravesar con la última saeta
de su potente arco mi mente endurecida,
desesperada por los infortunios,
privada de todo consuelo y esperanza,
pues ha muerto el señor[5] que me daba
asistencia, seguridad y confianza
de a buen puerto llevar mi vida!
Ahora la fortuna y el vicio me empujan
a cambiar nuevamente de forma
por una más agobiante que la de Apuleyo[6],
transfigurado en bestial criatura.

Vuestros tristes y desesperados versos,
oh, novedosa canción de llantos y lamentos,
por completo suscribo y bendigo ahora;
y si encontráis a alguien doliéndose
por estar sumido en hondas penas,
desesperado, cansado o mendigando,
hacedle mi amigo, si alguna amistad
puede entre almas desdichadas haber;
y jurad por los dioses que llevaron
a Dido[7] a cortar su miserable hilo
que estoy pronto a privarme de mi ser.

[5] El poeta lamenta el fallecimiento de su mecenas literario.

[6] Escritor latino (c.125-c.180), autor de *El asno de oro* o *Las metamorfosis*, novela en la que el protagonista es accidentalmente transformado en un asno por un hechizo y se ve obligado a padecer toda clase de labores propias de una bestia de carga.

[7] Primera reina de Cartago, se suicidó al ser abandonada por el héroe troyano Eneas, a quien había acogido tras la guerra de Troya y que, por una orden de Júpiter transmitida por Mercurio, decidió seguir viaje hacia la península italiana, donde se convertiría en el padre del futuro imperio romano (cfr. Virgilio, *Eneida*, Libro IV).

Simone Serdini

Los odiosos labios en que ya he puesto

Los odiosos labios en que ya he puesto
mil muelles dulzuras, y que he abierto
y cerrado según los caprichos de Citerea[1],
con otras modulaciones y otros versos,
y entremezclados con amargas lágrimas,
cantarán ahora mis hondas aflicciones.
¡Oh, furias[2] infernales, cuya llegada
he aguardado tantos años de mi débil vida,
dado que gracia divina ninguna espero,
ayudadme ahora, ya que, a la partida
de mi triste alma, por vosotras será
recibido y sepultado mi cuerpo infecto!
¡Erictón[3] de oscura melena, ayudadme ya
apareciendo de nuevo al doloroso Ígneo
y ordenándole esta vez que, a mi muerte,
venga a buscarme con Cerbero y Anteo![4]

¡Maldita sea la semilla y quien la depositó
en aquel diabólico vientre en el que yací
aún desprovisto de toda virtud humana!
¡Oh, culpa de Dios con la cual nací,
maldito el día en que al mundo llegué
como una figura monstruosa y extraña!
¡Oh, vulva corrupta, hórrida y vana!,
¿por qué no os cerrasteis con los dolores
para que yo pudiese morir en el parto?
¿O por qué al menos, una vez nacido,
no fui desmembrado y mi corazón
arrojado a los perros para ser devorado?
¡Malditos sean el esplendor y la luz
que por primera vez hirieron mis ojos
y aquel que fue mi autor, a quien
con gusto destruiría a dentelladas!

---

[1] Citerea era uno de los epítetos de Afrodita (Venus entre los romanos), diosa del amor.

[2] Divinidades infernales romanas, equivalentes a las erinias griegas.

[3] Bruja tesálica de horrible aspecto y cuya cabeza iba envuelta en una nube negra. Narra Dante en la *Divina comedia* (Infierno, Canto IX) que, conjurado por un hechizo de Erictón para revivir un cuerpo, Virgilio descendió una vez al noveno círculo en busca de un alma.

[4] El perro de tres cabezas Cerbero era el custodio de las puertas del Infierno, y el gigante Anteo era, según Dante, el del noveno círculo (cfr. Infierno, XXXI).

¡Ni Tideo[5] se vengó de su afrenta cual yo,
si pudiese, con mis dientes destrozaría
al triste padre que me trajo a la tierra!
¡Por mí no habría ya más ni cielo ni días,
Orión[6] dispararía sus flechas al sol
y todo el mundo estaría en guerra!
¿Por qué la cólera de Dios no se desata
sin misericordia en llantos y lamentos?
¡Que su ira seque las raíces de la hierba,
que todos los ríos se tiñan de sangre
y que una enorme serpiente venga
y con su veneno destruya los suelos!
¡Oh, miserable Babilonia[7] en la que hoy
se pregonan los honores, la riqueza
y la salvación: entonces de vos reiremos
cual vos ahora al destruir toda virtud!

¡Que mis días se tornen una oscura nube
imposible de medir en meses o años,
que mis noches sean de luto y tinieblas,
que mis horas sean contadas en afanes,
que la más feroz bestia adormecida
despierte y me devore por completo,
y, puesto que ya no abrigo esperanzas,
que contra mí se vuelvan prójimo y amigo
mientras del otro lado un león me aguarda!
Dios no puede hacerme ya nada peor,
pues hasta mi triste alma he perdido
y está en poder del pérfido Enemigo.
¡Oh, si al menos no tardase mucho
mi impúdico cuerpo en ser separado
de los mortales y mi alma en ser
llevada por las furias infernales!

Allí, Satán con sus garras despiadadas
me acogerá entre tantos hombres ilustres
y hará a mi cuerpo pasto de las fieras;
veré lágrimas y suspiros por doquier,
pero lejos de estos peligros mundanos
y sin poder nunca estar peor que aquí;

[5] Uno de los siete comandantes que marcharon contra la ciudad de Tebas. Según el mito, fue herido de muerte por Melanipo durante la batalla. Cuando, en su agonía, sus hombres le llevaron la cabeza de Melanipo como trofeo, Tideo la tomó entre sus manos y, antes de expirar, devoró como un caníbal sus sesos.

[6] La constelación de Orión, conocida como «el Cazador», solía ser representada con un arco.

[7] Alusión a Aviñón, sede oficial del papado católico entre 1309 y 1377.

me encontraré entre Tántalo y Megera[8]
y seré devorado por los centauros[9],
tanto que hasta a Capaneo[10] envidiaré.
Interminablemente me veré mutilado
y rehecho, seré carcomido por la apatía,
las torturas no me darán respiro
y las llamas me reducirán a cenizas:
¡las mayores penas y los más crueles
tormentos, todo, todo lo soportaré
con tal de librarme de esta vida!

Así como quien cava la tierra se regocija
al encontrar un tesoro con su pala,
así me alegraré yo al hallar mi fosa:
tan singular es el alivio que representa
la ansiada llegada del último flagelo
para aquel que no ve otra escapatoria,
pues más de mil veces al día muere
el condenado a muerte hasta el instante
que pone fin a todas sus pasiones.
Esto es lo que me duele y atormenta
desde que, por una ley suprema y divina,
pertenezco en cuerpo y alma al Demonio.
¡Quisiera, puesto que ya en el Abismo
me veo con aquellos a él arrojados,
que los muchos otros que el Cielo adora
estuviesen allí conmigo condenados!

Canción, id en busca de Escila y Caribdis,[11]
donde el huracán gime entre las rocas
y el mar abre terribles tempestades;
luego dirigíos a Mongibello[12], a esa parte
donde arden los más terribles fuegos;
y luego alzaos a las malignas estrellas.
Y hablad con las almas más desesperadas
y miserables, llorad y suspirad en conjunto,
y decidles que pronto entre ellas estaré,
pues Dios dirige contra mí y el mundo su rabia.

---

[8] Megera era, de las tres furias, la que moraba en el Tártaro, lugar en el que Tántalo había sido condenado a permanecer en las aguas sin poder apaciguar nunca su hambre ni su sed.

[9] Dante menciona la presencia de Neso, Quirón y otros centauros en el séptimo círculo del Infierno, donde castigan con sus flechas a las almas de los violentos (Infierno, XII).

[10] Otro de los siete contra Tebas. Zeus lo derribó con un rayo por ofenderlo mientras escalaba los muros de la ciudad. Dante lo ubica en el círculo de los blasfemos (Infierno, XIV).

[11] Monstruos mitológicos marinos que rodeaban como trampa mortal un canal muy estrecho.

[12] Nombre siciliano del monte Etna, el mayor volcán activo de Europa.

Los cuerpos celestes y todas las estrellas

¡Los cuerpos celestes y todas las estrellas,
los siete planetas, los cielos y sus señas
sean malditos con todo su influjo funesto!

¡Extínganse ya todos los elementos,
maldiciendo a la naturaleza humana,
y Fortuna[1], que reina traicioneramente!

¡Maldita por siempre sea la fuente[2]
de la poesía y de todas las ciencias,
así como todo cuanto de ella brote!

¡Las tres y cuatro damas de excelencia[3]
sean malditas, y también séanlo las siete
que nos apartan de toda falencia![4]

¡Malditos los árboles, los frutos, la hierba,
las piedras, las palabras y todas las cosas;
y, si hay más, séanlo sus estirpes también!

¡Que el cielo se sumerja para que su luz
se vea oscurecida de manera perpetua
y no vuelva a molestar en lugar alguno!

¡Que el hambre, la guerra y la peste reinen,
y, si existe un Paraíso, que se hunda
y sea consumido entre llamas eternas!

¡Que Satán vuelva a alzarse, lleno de ira,
y en su alto trono gobierne el mundo,
pues de todo bien he sido despojado!

Job sufrió pero no hasta estos extremos,
y tampoco Hesíone, Medea, Príamo[5]
o aun Ulises lo hicieron como yo ahora.

---

[1] Diosa romana de la suerte, el azar y el destino, equivalente a la Tique griega.

[2] Alusión a Hipocrene, la fuente de las musas situada en el monte Helicón.

[3] Las siete artes liberales, divididas entonces en el trivio (retórica, gramática y dialéctica) y el cuadrivio (aritmética, geometría, música y astronomía).

[4] Las siete virtudes cristianas, divididas en las cardinales (prudencia, fortaleza, templanza y justicia) y las teologales (fe, caridad y esperanza).

[5] Hesíone, princesa de Troya, fue encadenada frente al mar como sacrificio a un monstruo marino; Medea, hechicera esposa de Jasón, mató a sus propios hijos tras ser abandonada por aquel; y Príamo, último rey troyano, vio perecer a la mayoría de sus hijos en la guerra.

Varias veces al día a la Muerte llamo,
puesto que aún guardo la esperanza
de ver a mi corazón al fin enterrado.

¡Malditos sean los primeros nacidos,
la primera semilla, los que aún nacerán
y aquellos que crearon el matrimonio!

¡Malditas la idea y la primera palabra
que terminaron uniendo a mi progenitor
con aquella que habría de nutrirme;

malditos el instante, la hora, el día,
la semana, el mes, el año y el siglo
que marcaron el inicio de esa unión;

malditas las disputas y las injurias,
los cantos, la música y las danzas;
malditos todos los festivos gastos,

malditas todas las cosas prestadas,
los lujosos artificios, las telas ornadas
y toda la gente que a la boda asistió;

malditos sean los dolorosos daños
que siguieron a esa poblada reunión;
malditos los dulces afanes amorosos;

y maldito aquel funesto animálculo
que se introdujo y fecundó esa planta
fatalmente destinada a tanto dolor!

¡Maldito el crecimiento de la semilla,
maldita la guarida, las entrañas,
todas las acostumbradas alegrías,

los nueve meses y las labores de parto
que me hicieron; malditos sean todos,
tanto progenitora como progenitor!

¡Maldito sea mi malhadado nacimiento
y el orden en que estaban los planetas,
y maldito sea todo lo que bendito es!

¡Malditos los pasos amargos e inquietos,
la comadrona, los pañales, la leche
y el bautismo al que se me sometió;

malditos los primeros baños y lavados;
absolutamente todas las cosas maldigo,
puesto que Fortuna así me combate!

¡Maldito sea el primero que en la escuela
fue mi amigo, los libros, los profesores,
todo salvo lo mal aprendido, que bendigo!

¡Quien me haya dicho algo valioso
sea crucificado en fuegos eternos
y que de él no queden más que rescoldos!

No os sorprenda, lector, mi vaguedad,
pues, si una sola cosa se cumpliese,
acaso no duraríais aquí mucho más.

Pero, aunque mi lengua deje de lado
la senda de la razón, es una gran tristeza
la que rodea a mi alma, cuerpo y corazón.

Ahora, pese a mi dolor y mi iniquidad,
invoco a Aquel que aún puede salvarme,
asumiendo la culpa de todos mis vicios,
¡y que la piedad lo mueva a perdonarme!

Antonio Cammelli

La Disperata

La desnuda tierra se cubre ya con su manto
verde y tierno, y todo el mundo se alegra;
yo, en cambio, doy inicio a mi gran llanto.

Los árboles se visten con hojas; yo, de negro.
Sus pelajes los animales van renovando;
el mío, hecho jirones, se va desintegrando.

Crece el canto de las aves; en mí, el dolor.
Buscan ellas las más verdes frondas;
yo, aquel tronco donde no crecen hojas.

Cantan en alegre jolgorio; mi risa se oculta.
Remontándose al cielo abandonan la tierra;
yo busco las tinieblas más profundas.

El mundo se halla en paz; yo, en guerra.
El sol brilla y alumbra cada vez más;
para mí todo parece noche y estar bajo tierra.

Ahora nace para los amantes el nuevo amor,
ahora se entregan a sus cantos y sus juegos;
¡ay!, ahora crece en mí el amargo sufrimiento.

Los otros se asolean; yo al fuego me expongo.
Los otros anhelan vivir una vida feliz;
yo, a cada paso que doy, a la Muerte invoco.

Los otros buscan ya pareja, ya amigos;
yo me lamento al encontrarme con alguien
y me siento más cómodo buscando enemigos.

Soy cual tórtola que vuela sin compañera,
que en ramas viejas permanece llorando
y que no bebe nunca de los estanques claros;

búho en cuyos oídos resuenan los techos,
murciélago que no vuela nunca de noche;
en mí se refleja quien no sabe que ha muerto.

Los animales reposan en grutas y cuevas,
algunos sobre troncos, otros sobre ramas,
mientras yo lloro por mis rotas esperanzas.

Los montes están verdes; yo, descarnado.
Cuando lloro o grito nadie me consuela,
mas Eco[1] me responde duplicando mis quejas.

Llamo al guardián de la puerta del Tártaro[2]
para que envíe a su barquero[3] hasta mi ribera
y me conduzca entre la gente muerta.

Los otros anhelan la insignia del olivo;
yo, una guerra mortal que a nadie perdone,
mi muerte y la de todos los seres vivos.

Los otros anhelan palacios; yo, una fosa.
Los otros buscan el mar de leche y miel;
yo, el de humana sangre y aguas rojas.

Los otros anhelan piedad; yo, el cielo cruel.
Los otros desean mares calmos; yo, la fortuna
caprichosa que azota las velas en su vaivén.

Los otros quisieran poder ver siempre
cielos y firmamentos de aspecto benigno;
yo, que el cielo, el sol y la luna cayesen.

Los otros quisieran ver a todos contentos;
yo, a todos muriendo de ira y de rabia,
y en absoluto caos a todos los elementos.

Quisiera ver fuego ardiendo sobre las arenas
y luego brillando donde habitan los hombres,
y labios abiertos en lamentos, llantos y quejas;

que Eolo[4] todos sus vientos desencadenase
para que toda edificación a tierra cayese,
y que, en lugar de aves, volasen las serpientes;

---

[1] Según el conocido mito, la ninfa Eco se enamoró del joven Narciso y, tras ser desdeñada por él, se consumió de pena hasta que sólo quedó de ella la voz.

[2] Sitio más profundo del Hades o Infierno, donde se aplicaban los castigos a los pecadores. Su guardián, naturalmente, era el can Cerbero.

[3] El barquero del Hades era Caronte, que cruzaba las almas al Infierno.

[4] Divinidad a cuyo cuidado estaban todos los vientos.

que todo hombre fuese un Sísifo y un Ticio,[5]
y que, muerto, una y otra vez renaciese
y en cada vida afrontase un mayor precipicio;

que las furias infernales en alas pestilentes,
la Hidra[6], las harpías[7] y, para mayor ruina,
Cerbero a devorar cuerpos humanos saliesen;

que no viésemos más la mañana o la tarde,
sino una oscuridad de humo negro y niebla,
y que el sol allí donde naciese se pusiera;

que todos mostrasen el orgullo de un dios,
que a nadie le importase más el Paraíso
y que el Cielo fuese el imperio de Plutón[8];

que todo hijo conquistase a su padre,
que los hermanos se deseasen la muerte
y que el uno al otro a traición se matasen;

que nadie creyese en nada salvo en la muerte,
y que al final yo me tornase un Meleagro[9]
o que mi sufrimiento fuese aún más fuerte:

un Erisictón[10] famélico y demacrado,
o bien un Ixión[11] en su duro suplicio,
viviendo sólo de áspero y amargo llanto;

un Tántalo muerto de sed y de hambre,
un Faetón[12] fulminado por el rayo,
o acaso en el fondo del Leteo[13] ahogarme;

---

[5] Dos figuras mitológicas helénicas condenadas al Tártaro. El castigo de Sísifo consistía en empujar por una cuesta una pesada roca que siempre volvía a caer, mientras que Ticio debía soportar que dos buitres devorasen eternamente su hígado, que al instante se regeneraba.

[6] La Hidra de Lerna era un monstruo mitológico con forma de serpiente y siete cabezas que le volvían a crecer al ser cortadas. Darle muerte fue uno de los doce trabajos de Hércules.

[7] Funestos seres mitológicos con cuerpo de ave de rapiña y cabeza de mujer.

[8] Dios romano del Infierno, equivalente al Hades griego.

[9] Altea, madre de Meleagro, se había enterado por las parcas de que la vida de su hijo estaba atada a un tizón de leña, que procedió a guardar. Cuando, años más tarde, el joven mató a sus tíos tras una disputa, Altea arrojó el tizón al fuego y vio a su hijo consumirse hasta morir.

[10] Rey de Tesalia condenado por Deméter a padecer hambre eterna.

[11] El castigo de Ixión en el Tártaro era el de girar eternamente atado a una rueda en llamas.

[12] Hijo de Helios, dios del sol. Zeus lo fulminó cuando perdió el control del carro de su padre.

[13] El Leteo o Lete (río del olvido) era uno de los cinco ríos del Hades, aquel cuyas aguas conferían el olvido y del que las sombras de los muertos bebían para olvidar su existencia terrena.

o ser destruido y arrasado por completo,
como lo fueron Lucifer y sus huestes
o cual Acteón[14] al ser atacado por sus perros;

que todo deseo me resultase mortífero,
que contra mí se conjurasen los animales
y que todo mi alimento fuese pestífero;

que, de ser posible, los mayores males
sobre mí lloviesen, y que Vulcano[15]
forjase flechas al solo efecto de matarme;

que Falaris[16] no me fuese nunca extraño,
ni tampoco una Medusa, un Briareo,[17]
un Cayo cruel, un Majencio inhumano,[18]

un Nerón redivivo, un orgulloso Capaneo,
un Sila lleno de iniquidades, un Mario,[19]
y que sus dientes en mi cráneo clavase Tideo.

¡Oh, mundo ciego, mundo voluble y falso!
¡Oh, Amor carente de piedad, Amor falaz,
a mí tan amargo, a mí tan contrario!,

ahora que al fin con vos esperaba tener paz,
me habéis privado de todo bien y todo gozo,
y, mientras el mundo calla, yo grito y lloro.

¿Qué mayor injuria o qué peor despecho
podríais infligirme aún, despojado de aquella
que hacia el Cielo llevaba a mi intelecto?[20]

¡Oh, cuán injustos son todos los dioses
al consentir el gran martirio que soporto,
inconmovibles ante todas mis tribulaciones!

---

[14] Acteón fue devorado por sus perros como castigo por haber visto a la diosa Ártemis desnuda.

[15] Dios romano del fuego y de la forja, equivalente al Hefesto griego.

[16] Tirano cuyo instrumento de tortura consistía en un toro de bronce en cuyo interior se colocaba a la víctima y que luego era puesto sobre una hoguera hasta quedar al rojo vivo.

[17] Medusa era una de las gorgonas, monstruos femeninos que convertían en piedra a quienes las miraban a los ojos, y Briareo era uno de los hecatónquiros, gigantes de cien brazos.

[18] Cayo Germánico, más conocido como Calígula, y Marco Aurelio Valerio Majencio fueron emperadores romanos célebres por su crueldad, al igual que Nerón.

[19] Lucio Cornelio Sila y Cayo Mario fueron cónsules romanos que, enemistados entre sí, entablaron sangrientas y crueles luchas por el poder.

[20] El poeta lamenta el confinamiento de su amada en un convento.

¿Cómo puede hablar aquel que ha muerto,
cómo puede ver alguien que es ciego,
cómo puede errar quien está en lo cierto?

¡Oh!, ¿por qué el Cielo no me concede
que pueda mutar a alguna nueva forma
para visitar a aquella que mi corazón posee?

Nadie puede sobre el regazo de su dama llover,
nadie puede transformarse en cisne o toro,
ningún hombre Júpiter o Plutón puede ser.[21]

Si a mí me fuese posible, como a ellos,
mudar de aspecto, apariencia o atavíos,
quizás podría poner un fin a este martirio.

Si el plumaje de Dédalo[22] me fuese concedido,
ningún ave jamás habría volado tan rápido
cual yo lo haría hacia esa luz que he perdido.

Si pudiese yo volar sobre las murallas,
ya habría atravesado esa Tarpeya[23]
que me ha privado de mi luz sagrada.

¿Dónde estáis, Circe; dónde vos, Medea?[24]
Venid y, mediante hechicerías potentes,
devolved a la luz a mi diosa celeste.

Ella es quien hace a mi pecho arder y sangrar,
y ni un Apolo, un Esculapio o un Avicena[25]
serían capaces de curar esta herida mortal.

Ella dio inicio a este sufrimiento nefasto,
y sólo ella podría ahora dar fin y remedio
al cruel dolor que a la muerte me está llevando.

---

[21] Alusión a las metamorfosis a las que recurrió Júpiter para poseer a varias de sus amantes: como toro blanco raptó a Europa, como cisne violó a Leda y como lluvia de oro visitó a Dánae, luego madre de Perseo, a quien su padre mantenía cautiva para que no tuviera hijos.

[22] Arquitecto y artesano creador del laberinto del Minotauro. Cuando el rey Minos decidió encerrarlo allí junto a su hijo Ícaro, Dédalo construyó dos pares de alas de cera para escapar.

[23] Nombre de una puerta de la antigua ciudad de Roma que tenía fama de inexpugnable.

[24] Mujeres mitológicas relacionadas con la hechicería y las artes mágicas.

[25] Todas figuras relacionadas con el arte de la medicina y la ciencia médica: Apolo, entre sus muchas funciones, fue venerado como dios de la curación; su hijo Esculapio o Asclepio fue el dios de la medicina; y Avicena fue un polímata precursor de la ciencia médica moderna.

Esta es la enfermedad cuyo funesto asedio
me empuja cada vez más a soltar la vida
y a buscar refugio incluso en la desdicha.

Bien sé que estoy pidiendo ayuda a una sorda
que no sabe ni ve los males que padezco,
y que temo que ni siquiera guarde mi recuerdo.

Ella está encerrada, y yo solo me encuentro,
llorando mi suerte cruel y desesperante,
y muriendo; y en cada muerte me renuevo.

Otra forma de alcanzar el Cielo no me queda
más que los laberintos hechos para monstruos
y para despiadadas criaturas de la selva.

Incluso fuera de las tumbas y los claustros,
sin nuevos hábitos o atavíos oscuros,
me entrego yo a padrenuestros y salmos.

Para los ladrones son las prisiones y murallas,
y para leones, osos y perros las cadenas,
no para humildes y puras palomas blancas.

Lo que más necesita el espíritu humano
son jardines coloridos, ríos y fuentes,
no lugares ásperos, sombríos y extraños.

No se necesitan nubes negras frente al sol
ni encerrar y desperdiciar la belleza
en aquel lugar donde no suele habitar Amor.

¡Oh, alma gentil que así me atormentáis,
oíd mi llanto, oíd mi amargo dolor,
oíd a uno que así se lamenta por vos,

oíd a aquel que ya no ve el sol amado,
oíd a aquel que se aparta de la vida,
oíd a aquel para quien morir es algo deseado!

A mí os habéis vuelto sorda, ciega y muda:
yo hablo al viento, a las ventanas, a los búhos,
mas ellos se burlan de mí y no me ayudan.

¡Tigres, leones, y vosotras, fieras salvajes
sedientas de sangre humana, venid ya
a desgarrar mis miembros y devorarme!

¡Oh, emperador de la ciudad de Dite[26],
no os demoréis más, pues ya me encuentro
a punto de poner fin a este trance extremo!

Firmo el pacto a cambio de un don supremo:
vos reináis sobre mi alma, y yo a los lobos
dejo mi cuerpo. ¡Venid, Muerte, no os temo!

¡Cerbero, abrid, al salirme al encuentro,
vuestras tres fauces y engullidme vivo,
pues con gusto a tu vientre me ofrendo!

Y vos, Amor, que para mi funesta suerte
encendisteis los fuegos en los que ardo,
alimentaos ahora y saciaos con mi muerte.

Que todo amante que enfrente similar trama
encuentre en mi languidecer un ejemplo:
seré un espejo ante sus ojos, seré su fama.

Que esto baste, no hay nada más que decir:
feliz aquel que aprende a expensas de otro,
como aquellos que aquí ahora me ven morir.

A ella toda ofensa le considero perdonada.
¡Alma, dejad atrás estos tristes desvelos!
Que mi muerte a todo el mundo sea clara,
pues mucho daño evita un solo ejemplo.

[26] Dite era uno de los nombres del Hades o Infierno, cuyo emperador era el dios Plutón.

Benedetto Gareth

Mirando fijamente el blanco planeta

Mirando fijamente el blanco planeta
que rige mi vida de manera inestable,
no sé por qué terrible hado o destino
no ofrecía su habitual aspecto favorable.

Con una mente atemorizada e inquieta
tras haber visto su rostro así turbado,
permanecí como aquel que, aterrado,
observa en el cielo un ardiente cometa.

Guardando mis temores en mi corazón
y simulando esperanza en mi semblante,
oculté en mi interior mis tristes pesares,

hasta que, transido de pavoroso horror,
con un grave suspiro musité lo siguiente:
«¿Tanta ira albergan los espíritus celestes?».

Si el habla perturbada y llena de horror

Si el habla perturbada y llena de horror,
muy distinta del alegre rostro humano,
pudo alguna vez privar a un loco corazón
de toda esperanza y todo ciego error,

no ha logrado disminuir el gran ardor
que en mi interior vive y crece oculto;
mas temo que pronto estaré bajo tierra,
pues me aflige un impío y mortal dolor.

Y si alguna sombra en el Cielo o el Infierno
permanece tras mi amarga muerte,
no lo hará entre las almas en sosiego,

sino que, llamando por todo el universo
a aquella por la que, muriendo, he vivido,
nunca cruzará las negras aguas del Leteo.

Antonio Tebaldeo

Lengua mía cansada de tanto lamentarse

¡Lengua mía cansada de tanto lamentarse,
ojos que llorando habéis hecho ya un río,
ahora bien podríais al cruel Cielo invocar!

¡Oh!, desconsolado y privado de toda dicha,
desdeñado por aquella a la que esperabas,
¿para qué permaneces vivo en este mundo?

No te ha servido de mucho rezarle tanto
a ese corazón, más duro que la piedra,
que desprecia a Amor y todos sus conflictos.

Le ha girado el arco y dado vuelta la aljaba
a aquel Cupido que ya han doblegado
Febo con Mopso[1] y el tracio[2] con la cítara.

La injusta ofensa de Iscariote[3] tendrá
su castigo, mas yo sufro uno peor que Ticio,
pues mi corazón es por Amor devorado.

Pero antes de que la Muerte me dé refugio,
quisiera oír a la horrenda trompeta[4] gritar:
«¡Ascended, muertos, acudid al juicio!»,

y sentir la áspera sentencia retumbando
por los cielos: «¡Oh, condenados, caed
al fuego eterno en la tumba del Tártaro!».

Quisiera que, en lugar de fresca lluvia,
cayesen males y enfermedades atroces,
fiebres, pestes y espadas sangrientas.

Quisiera ver a todos gimiendo de dolor,
sin otro placer que la agonía y la vergüenza,
y que árboles y flores se secasen y muriesen.

---

[1] Referencia oscura, quizás en alusión al Mopso de las *Bucólicas* de Virgilio (cfr. Égloga VIII, en la que Cupido favorece la traición amorosa) o al Mopso mitológico hijo de Febo.

[2] El tracio de la cítara es Orfeo.

[3] El crimen de Judas Iscariote, uno de los doce apóstoles de Jesús, fue el de la traición.

[4] Alusión a las trompetas del Apocalipsis bíblico.

Quisiera ver a Febo[5] regresar en venganza
para hacer de la tierra un gran desierto
y convertir su centro en un Flegetonte[6].

Quisiera que Júpiter y los demás dioses
al Limbo fuesen precipitados entre fragores
y que Satán en el Cielo al fin reinase.

Quisiera que, arrojándose rabioso sobre mí,
Cerbero con sus colmillos se banquetease
y que leones mi cuerpo desmembrasen.

Quisiera ver en los cielos una feroz guerra
de vientos, truenos, granizo y relámpagos
y a la tierra sucumbir entre ruinas y llamas;

ver a los hombres yacer en oscuras grutas,
entre rechinar de dientes, aullidos y llantos,
y a los ríos correr rojos con sangre humana.

Quisiera que todos se volviesen homicidas,
el padre del hijo insensato y traicionero,
y que el aire se llenase de fieros alaridos;

que los hermanos entre sí se rebelasen
y que con engaños uno al otro se matasen,
haciendo con todo cuerpo una carnicería.

Sólo vivo para soportar mayores tormentos,
buscando la crueldad y llamando a la Muerte:
la ira y los lamentos son mi sola esperanza.

Pero quisiera que, por obra del destino,
el mundo entero se hundiese en llamas
y que aun las puertas del Cielo ardiesen.

Quisiera ver, para mi eterno solaz y placer,
a todos morir de hambre y privaciones
y proferir sin fuerza débiles gritos de agonía.

Quisiera ver a osos, leones y serpientes
rodear rabiosos todas las ciudades
y devorar y mutilar a sus habitantes;

---

[5] Febo era un epíteto que los griegos daban a Apolo como dios del sol.

[6] El Flegetonte o Piriflegetonte (río de fuego) era otro de los cinco ríos del Hades, aquel cuya corriente era de fuego y lava, o, según Dante, de sangre hirviendo (cfr. Infierno, XIV).

que todos al morir cayesen con furia
al fuego eterno, y que, si alguno escapase,
fuese sentenciado por el filo de la espada.

Quisiera ver en la tierra una sola llamarada,
peor que la de Gomorra en su gran suplicio,
y que las lenguas de fuego llegasen al cielo.

Quisiera ver a todo edificio derrumbarse
y a árboles y hierba bañados de sangre,
peor aún que en el día del juicio final.

Quisiera ver el invierno en medio del verano,
a los hombres morir entre convulsiones
y a todas las estrellas del cielo precipitarse.

Mientras los demás anhelan ser felices,
yo cruelmente quisiera poder al fin ver
a todos los elementos en caos y conflicto.

Mientras los demás buscan el placer,
yo deseo afanes, profundas tinieblas,
desesperación y todo tipo de dolores.

Mientras los demás quieren ver crecer
árboles de frescos follajes y verdes ramas,
yo quiero ver tormentas en las montañas.

Los otros quieren alegría, música y cantos;
yo, triste y miserable, quisiera verlos
morir entre dolores, agonías y llantos.

Los otros quieren adquirir ropas y fama;
yo, impregnar el aire y la tierra de sangre
mezclada con rabia, pestilencia y hambre.

Los otros quieren poseer señorías y reinos;
yo, ver todas sus cabezas enterradas
y que del cielo caigan todos los planetas.

Quisiera ver a todas las aves en tumulto
dando malos augurios y profetizando ruina,
y al aire colmándose de gritos y sollozos.

Quisiera ver a la luminosa esperanza
siendo devorada por un aire lóbrego y negro
en medio de una lluvia de fieros relámpagos.

Quisiera en toda ciudad ver un bosque
cuyos árboles diesen por frutos serpientes
que llenasen los suelos de mortales venenos.

Los otros quieren amansar a las fieras;
yo, verlas a todas convertidas en dragones
más rabiosos que jaurías famélicas.

¡Oh, males, que ninguno se me olvide!
¡Venid todos a mí, puesto que os llamo
lleno de suspiros y lleno de aflicciones!

He perdido a aquella por quien he soñado
tanto tiempo, por lo que ahora sin premio
permanezco desconsolado, miserable

y despojado de aquella dulce promesa
que, cual Ifigenia[7], me dará la muerte:
tengo, pues, razones para culpar al Cielo.

¡Oh, Caronte, haced que, no bien muera,
vuestra ira me sumerja bajo las aguas;
que venga Cerbero y me devore entero,

y que Efialtes[8] y su hermano terminen la obra
arrancando tres montañas para hacer un haz
y descargarlo con furia sobre mi cabeza;

y que resuciten un severo Euristeo,
una Juno, un Hércules y un Busiris,
y también un Tifeo y un Jápeto,[9]

un medio Arcesio, un Encélado que gire
haciendo temblar toda la región de Etruria,
un Osiris desmembrado por Tifón,[10]

---

[7] Hija del rey Agamenón que, cuando estaba por ser sacrificada por su padre a fin de que los dioses le permitiesen llegar a Troya, fue salvada por la diosa Ártemis para hacerla su sacerdotisa en Táuride. Allí, los nativos la pusieron a cargo de sacrificar a todos los extranjeros.

[8] Los gigantes gemelos Efialtes y Oto, planeando derrocar a Zeus, arrancaron los montes Ossa y Pelión y los colocaron uno sobre el otro para escalar a lo alto del Olimpo. Dante ubica a Efialtes entre los círculos octavo y noveno del Hades (cfr. Infierno, XXXI).

[9] Euristeo fue el rey que encomendó a Hércules los doce trabajos; Juno, la diosa esposa de Júpiter y reina del Olimpo; Busiris, un rey egipcio a quien Hércules dio muerte cuando quiso sacrificarlo; Tifeo o Tifón, un gigante relacionado con los huracanes; y Jápeto, uno de los titanes.

[10] Arcesio fue un rey de Ítaca y el abuelo de Ulises; Encélado, un gigante confinado bajo tierra tras la guerra con los dioses; y Osiris, un rey y dios egipcio desmembrado por su hermano.

una Erífile[11] desprovista de toda piedad
con su hijo matricida al lado, y un Gerión[12]
con la arrogante y funesta prole de Ixión!

¡Oh, Fortuna, cruel sin ninguna razón;
oh, Amor embustero; oh, falso e injusto Cielo;
oh, Cerbero, carcelero de esta prisión,

permitidme ver todas las velas rotas en el mar
y haced de mí otro desventurado Edipo
temblando en el fuego y ardiendo en el hielo!

Quisiera ver las aguas del mar tan agitadas
que, en el cernerse y romper de cada ola,
cayesen por tierra todos los bienaventurados.

Quisiera ver a todas las almas de sus cuerpos
salir gimiendo y dirigirse al fuego eterno
gritando: «¡Muerte!», mas sin poder morir.

Quisiera ver al mundo vuelto un Infierno
lleno de crueles martirios, tormentos,
suplicios, castigos, insultos y blasfemias.

Quisiera ver a los rayos del sol extinguirse,
al mundo en tinieblas y noche oscura,
y a los muertos saliendo de sus sepulturas.

Quisiera ver, como última desgracia,
una lluvia de granizo, piedras y rayos,
y que por las tormentas la tierra temblase.

Quisiera ver en el aire, cubriéndolo todo,
nubes, truenos, relámpagos y tempestades
gritando sobre los mortales en venganza.

¡Oh, exhausta alma mía, oh, triste luz!,
¿para qué tantos lamentos? Desesperemos
renunciando para siempre a goces y fiestas.

Es hora de dejar de lado la miserable burla
de los amantes infelices, dado que el Cielo
quiere que al fin encuentre áspera muerte.

---

[11] A cambio de un collar, Erífile había enviado a su esposo Anfiarao a morir en la expedición contra Tebas, por lo que su hijo Alcmeón, para vengar a su padre, le dio muerte.

[12] Monstruo de tres cuerpos al que Hércules mató en uno de sus doce trabajos.

¡Oh, causa inaudita! ¡Oh, arbitrario destino!
¿Cómo puede ser normal dar una sentencia
de muerte y castigar sin existir pecado?

¡Oh, difunta fe; oh, esquiva misericordia;
oh, ley injusta; oh, causa miserable;
oh, crudelísima influencia del Cielo;

solo y sin ninguna esperanza permanezco,
y privado de contemplar ese dulce rostro
creado en el bello monte Parnaso[13]!

¡Maldigo el día en que fui separado
de mi señor para vivir entre penurias!
¡Llamo al Infierno y desprecio el Paraíso!

¡Y tú, creada entre los coros celestiales,
con toda tu altanera belleza y mi dolor,
no escuchas mis súplicas y mis gritos!

¡Maldito sea mi quejumbroso deseo
que me empuja a nunca hallar la paz
y a temblar más que una hoja en el viento!

Creía haber amado un corazón discreto
y no un diamante, mas ahora comprendo
que quien sigue a Amor nunca es feliz.

No pudiendo ya más, extiendo las brasas
sobre mi atribulado pecho; he aquí el puñal
con el cual por ti, cruel, atravesaré mi corazón.

Y aun te digo, causa de todos mis males,
que pronto sentirás mi cruda muerte
y te dignarás a decir: «Descansa en paz».

Mientras tanto, ya en la puerta tartárea,
me lamentaré por haber vivido tanto tiempo
y no haber puesto fin antes a mis lágrimas.
¡Adiós, te dejo, ya no quiero seguir viviendo!

---

[13] El monte Parnaso era el hogar de las musas y, por consiguiente, solía ser considerado como la patria de la poesía.

Pietro Aretino

Desperata

Veo ya a la renovada primavera preparar
su verde manto, y a las aves en las frondas
cantar de rama en rama sus dulces cantos.

He aquí las tan ansiadas ondas líquidas
de las claras fuentes donde los animales
pueden saciar al fin con placer sus deseos.

El tímido pastor lleva su rebaño al monte
cantando bajo las sombras de los árboles
y adornando su frente con frescas flores.

Aquí viene Aurora[1] a anunciar el claro día
a los cansados miembros de felices amantes
y a los árboles que crecen por todas partes.

La desnuda tierra ha esparcido su rocío
para producir buenas semillas y alegría
y devolver a los hombres las horas perdidas.

Mas, ¡ay!, todo ello sólo alimenta mi fuego
de suspiros, dolor, martirio, llanto y afanes:
el cielo, el aire, la tierra y el mar me ofenden.

En vano he perdido ya todos mis años
y en ninguno de ellos he encontrado paz,
de modo que ya no espero más que daños.

Por eso invoco, a través de este canto,
a Plutón para que me aleje de estos cielos,
pues a quien mal vive conviene más el fuego.

Mas, antes de que me cubra el impío velo
de la muerte, por despecho y por dolor
quisiera ver al mundo y al cielo arder.

Quisiera ver a mis miserables despojos
atados en medio de dos perros rabiosos
y ser cebo para su apetito voraz y salvaje.

[1] Diosa romana del amanecer, equivalente a la Eos griega.

Quisiera ver salir, de marismas y pantanos,
dragones, leones, osos y feroces lobos
que devorasen a todo el género humano.

Quisiera ver, en los bosques, perros y lobos;
en las aldeas y ciudades, espías y ladrones;
y, en todas las moradas, riñas y discordias.

Quisiera ver diluvios, peces y ballenas,
cielos descargando relámpagos y granizo,
y templos con todas sus naves destruidas.

Quisiera ver, en el mar, acantilados y rocas
golpeando barcas y hundiendo en el fondo
mercancías y desesperadas tripulaciones.

Quisiera ver a las aguas cubriendo la tierra
entera por segunda vez, y al mundo y el cielo
azotados por el hambre, la peste y la guerra.

Quisiera ver a las cadenas del Infierno
soltarse, dejando libres a monstruos y furias,
y que toda piedad desapareciese del Cielo.

Quisiera ver cruel lucha entre padre e hijo,
a los hermanos matarse el uno al otro
y a marido y esposa entre sí envenenarse.

Quisiera ver, sin piedad ni esperanza,
a los hombres caer por la lanza y la espada,
y a su sangre formar un mar aterrador.

Quisiera ver a toda ciudad ser azotada
por fuegos, saqueos, robos y muerte,
y que sólo sangre las cosechas regase.

Quisiera ver, por toda suerte y destino,
a lobos, osos y dragones entre los corderos
pisoteando a todas las criaturas del cielo.

Quisiera ver, en ríos, abismos y lagos,
a los hombres caer por el hambre,
deseosos de unos a otros devorarse.

Quisiera ver a los árboles dar por frutos
crueles serpientes que envenenasen la vida,
y al siglo azotado por fuego, luto y agonías.

Quisiera ver a la tierra y a cada bosque
dar por toda semilla sólo ardientes llamas
y no germinar más que amargos tósigos.

Quisiera ver a las líquidas ondas de lagos,
ríos, fuentes, mares, pantanos y arroyos
correr convertidas en sangre humana.

Quisiera ver a peces y animales salvajes
devorando a los hombres de la tierra,
y que estos fuesen enterrados en vida.

Quisiera ver a las estrellas en conflicto,
al sol y la luna luchando entre sí,
en la tierra una ruina de troncos y rocas,

y en el cielo todos los cuerpos chocando
unos contra otros para luego catapultarse
a la tierra y reducir el universo entero a polvo.

Quisiera ver a los dioses en triste lucha,
a Júpiter y al furioso Marte en ruinas
y a todos los planetas armados en guerra;

a toda la horrenda cavidad del Infierno
ascender al mundo y obtener el dominio
del Cielo, y a Caronte tener su descanso;

y luego ver surgir por todas partes a la vez
un cruel incendio que sólo con la sangre
de los hombres pudiese aplacar sus furores.

Y entonces quisiera ver a la tierra regada
de guerra y de llantos, a todos luchar
piedra contra piedra entre gritos salvajes,

y a la impía Muerte acudir a cada batalla
con su feroz dardo y su eterna guadaña
y privar a todos de vida sin ningún reparo.

Y ver a dioses y hombres entregarse al mal,
a los animales caer por un precipicio,
a todo el hemisferio derrumbarse de pronto
y que cada día fuese el día del juicio final.

Isabella di Morra

Una vez más ahora, oh, valle infernal

¡Una vez más ahora, oh, valle infernal,
oh, altas rocas en ruinas, oh, río alpino,
oh, espíritus de toda virtud desprovistos,
oiréis mis llantos y mi tristeza inmortal!

¡Oídme, oh, montañas, oh, cavernas,
por donde quiera que vague o descanse,
pues Fortuna, para mí nunca estable,
hora a hora mis eternos males acrecienta!

¡Cuando me oigáis llorar noche y día,
oh, fieras, oh, rocas, oh, grutas solitarias,
oh, bosques vírgenes, oh, tristes ruinas,

oh, aves nocturnas, y escuchéis mis quejas,
llorad conmigo de manera ininterrumpida
por mis penas, mayores a las de cualquiera!

Si a mis esperanzas un nuevo obstáculo

Si a mis esperanzas un nuevo obstáculo,
oh, cruel Fortuna, oh, impía Muerte,
no imponéis, ¡ay de mí!, como siempre,
habré roto la prisión y desatado el lazo.

Mas al pensar en ese día ardo y tiemblo,
pues el temor y el deseo son mi séquito;
aunque a ello abro la puerta y me acerco,
luego el dolor me consume y me pierdo.

No sin razón el deseo despliega sus alas
y lleva a mi mente al hermoso pensamiento
de salvar de su dolor perpetuo a mi alma;

mas Fortuna al temor muestra el sendero,
angosto, escarpado y lleno de desengaños,
por el cual ante toda esperanza desespero.

Joachim du Bellay

Astros crueles, y vosotros, dioses inhumanos

¡Astros crueles, y vosotros, dioses inhumanos,
cielo envidioso y Naturaleza madrastra,
ya sea por orden o por azar que contempléis
el fatigoso curso de los asuntos humanos!,

¿por qué habéis antaño con vuestras manos
dado forma a un mundo que perdura tanto?
¿O acaso no era de material igual de resistente
la orgullosa fachada de los palacios romanos?

No hago ya mía la vulgar y trillada frase
de que todas las cosas que hay bajo la luna
son corruptibles y están sujetas a la muerte;

más bien digo ahora (y no es mi deseo ofender
a quienes se esfuerzan por enseñar lo contrario)
que este gran Todo debe alguna vez perecer.

El dulce sueño me concede paz y placer

El dulce sueño me concede paz y placer,
el despertar sólo me trae dolor y guerra;
lo falso me agrada, lo real me atormenta;
al día debo todo mal, a la noche todo bien.

Si esto es así, que muerta y enterrada
quede en mí la realidad para siempre:
¡oh, felices aquellos animales cuyos ojos
no abandonan el reposo por seis meses!

Que el sueño se parezca a la muerte
y que la vigilia se asemeje a la vida
no es algo que yo diga ni tampoco crea;

mas, de ser cierto, puesto que esta vida
me daña más que la muerte, ¡oh, Muerte,
ven y cierra mis ojos en una noche eterna!

El canto del desesperado

La Parca, tan espantosa
para todos los seres vivos,
ya no me causa tanto horror,
pues el menor de los males
que afligen mis jornadas
es de una violencia aún mayor.

Como si fuera una fuente,
derramo copiosas lágrimas,
y tanta agua baña mi rostro
que me temo que en breve
todo mi ansioso corazón
habrase destilado por mis ojos.

Mortales tinieblas ya cubren
y ennegrecen toda mi vista,
fúnebres son mis soliloquios
y helado yace mi cuerpo;
sin embargo, no puedo morir,
así como sanarme tampoco.

¿Puede la buena fortuna
durar siquiera un instante?
¡Oh!, en este valle terreno
todas las cosas son mudables.
¡Ay!, bien conozco ahora
lo que es perder todo miedo.

El deseo me ha esclavizado,
el dolor me sigue de cerca,
de lamentarme nunca ceso
y los terrores me rodean;
tanto de noche como de día,
sólo agonías encuentro.

El verde y soleado prado,
el arbusto lleno de flores,
los murmullos del arroyo
que desciende de los montes:
ni aun entre estos placeres
puedo encontrar algo de gozo.

Las salvajes melodías
del ruiseñor en el bosque
llenan de tristeza mi alma,
y no soporto las voces
de las aves que alegres
trinan al borde de las aguas.

El poético cisne ofrece
el más dulce de sus cantos
sobre las acuáticas riberas
al su muerte anunciarnos.
¡Ay!, ese canto sí me agrada,
pues a los míos se asemeja.

La voz reverberante,
al oír mis lamentos
y mis quejas excesivas,
parece atormentada,
pues todo cuanto digo
lo repite en seguida.

Toda mi paz y regocijo
provienen de lo luctuoso,
y nada tanto me complace
como sentirme desdichado.
Sólo la esperanza de morir
me permite seguir adelante.

¡Dios atronador, que tu rayo
se apresure a fulminarme
si al polvo reducirme deseas
antes de que pueda disfrutar
el placer que sin duda sentiré
al advertir que mi hora llega!

Pierre de Ronsard

Ah, largas noches de invierno

¡Ah, largas noches de invierno de mi vida agonizante,
concededme algo de paciencia y dejadme al fin descansar!
Con sólo oír vuestro nombre, sudores y temblores
recorren todo mi cuerpo, tan crueles me habéis sido.

El sueño, por leve que sea, no visita ya con sus alas
mis ojos siempre abiertos, no me es posible afirmar
párpado sobre párpado, y no hago más que gemir,
sufriendo como Ixión torturas y tormentos sin fin.

Vieja sombra de la tierra, otrora sombra del Infierno,
tú que me has abierto los ojos con una cadena de hierro
mientras en el lecho me consumo azotado por mil espinas:

para ahuyentar mis dolores tráeme al fin la muerte.
¡Ah, Muerte, puerto común y consuelo de los hombres,
con manos juntas te suplico que sepultes mi agonía!

Ya no soy más que huesos

Ya no soy más que huesos, un esqueleto parezco,
sin carne, sin nervios, sin músculos, sin pulpa;
el dardo de la Muerte sin piedad me ha golpeado
y no puedo ver mis brazos sin temblar de terror.

Apolo y su hijo[1], dos grandes maestros por igual,
no pueden curarme, su profesión me ha fallado.
¡Adiós, sol agradable, mis ojos están ya sin vista
y mi cuerpo va a ir a donde todo se descompone!

¿Qué amigo, al visitarme en este sitio despojado,
no entra a mi casa con un ojo triste y mojado,
me consuela en mi lecho y me besa la frente,

enjugando mis ojos dormidos por la muerte?
¡Adiós, queridos amigos, amados compañeros,
yo me iré primero para prepararos el lugar!

---

[1] Alusión a Esculapio. Ver al respecto la nota 25 de la página 35.

Olivier de Magny

Ahora estoy solo y veo que nadie me escucha

Ahora estoy solo y veo que nadie me escucha
salvo estas rocas, estas grutas, estas fuentes
y estas colinas, únicos testigos de mis penas
aparte de mí, si es que de mí no tengo dudas.

Ya que no rechazáis prestar oído a mis quejas,
escuchadlas ahora y tenedlas por ciertas,
pero más aún tenedlas por inútiles y vanas
aun cuando a mí me cuesten el corazón y el alma.

Y si en alguna ocasión por aquí veis pasar
al basilisco que me atormenta de este modo,
repetidle todos mis suspiros y clamores,

aunque, si al oírlos pudiese poner fin a mi pena,
ella la haría por el contrario vivir eternamente:
es por eso que aun sano aguardo ya la muerte.

Oh, clara luna que nos muestras tu rostro

¡Oh, clara luna que nos muestras tu rostro,
ora cornudo, ora cambiando a redondo;
oh, oscura noche cuyo alivio temporario
a tantos hombres aparta del duro trabajo;

oh, cielo; oh, aire; oh, raza del firmamento;
oh, casto rebaño que en este espeso bosque
vuestra morada tenéis: ved y oíd mis lamentos
y apiadaos de mi fortuna y mis tormentos!

¡Y si alguna vez en vuestros pechos y almas
habéis sentido los aguijones y las llamas
del osado arquero que me obliga a morir,

con tristeza llorad la tortura que soporto,
pues acaso ello podría mitigar un poco
parte de la angustia que es mi destino sufrir!

Philippe Desportes

Noche, madre del temor, cruel con los afligidos

Noche, madre del temor, cruel con los afligidos,
que a todos los dolores vuelves más intensos,
pues el alma, carente entonces de distracciones,
se convierte en presa de feroces pensamientos,

en otras épocas tú dabas alivio a mis labores
y mi juvenil furor mitigabas bajo tus sombras,
mas, ¡ay!, tus favores se han alejado de mí
y en espinas has tornado todas tus amapolas.

He olvidado ya cómo era el reposo que concedes:
el dolor y la tortura de cien aguijones traidores
me abren el alma y los ojos, convertidos en fuentes.

¡Oh, dulce Noche, otorga al fin a mi vida un sueño
que de tan pesadas cadenas para siempre la libere
y a mis ojos mantenga cerrados bajo un velo eterno!

En torno a los cuerpos que temprana muerte

En torno a los cuerpos que temprana muerte
por la violencia ha privado de la luz del día
las sombras merodean incesantemente,
aún por sus añorados despojos atraídas.

Por el cruel sitio en que mi alma fue herida,
allí donde Amor la atravesó con sus flechas,
vago yo, recorriendo sus alrededores,
cual sombra maldita o espíritu en pena.

Volátiles espectros, más afortunados que yo,
como os place vais y venís libremente
al sitio que guarda vuestros restos amados;

vosotros los veis, vosotros podéis tocarlos,
mientras que yo, ¡ay!, temo hasta acercarme
al lugar que mantiene mi tesoro encerrado.

Siméon-Guillaume de La Roque

Oscuro valle, montaña imperturbable

Oscuro valle, montaña imperturbable
que al sol oponéis vuestra espalda;
noche solitaria, anfitriona del reposo;
demonios vecinos de las estigias[1] aguas;

riscos pedregosos, espantosa caverna
en la que los leones y los osos habitan;
búhos, cuervos, augures de Átropos[2],
criaturas amadas por el alma abatida;

triste desierto de un mundo abandonado:
soy un espíritu condenado a los fuegos
y a los alaridos de un infierno ordinario,

y vengo a vosotros para llorar mi suerte
y conmover al Cielo, o, si tal no es posible,
tal vez al Infierno, las parcas y la Muerte.

---

[1] El Estigio, Estigia, Éstige o Estix (río del odio) era otro de los cinco ríos infernales, aquel que separaba el Hades de la tierra dando nueve vueltas alrededor del inframundo.

[2] Átropos, Cloto y Láquesis eran las tres moiras, hilanderas o parcas, diosas del destino.

Oh, miserable vida, por siempre agitada

¡Oh, miserable vida, por siempre agitada
como las naves al ser sacudidas por las olas,
sujeta al fatal arbitrio de la terrible Átropos
y sólo por los cobardes e ignorantes deseada!

Todos se proponen, en sus almas exaltadas,
poseer cuantiosos bienes y disfrutar en paz,
mas sus esperanzas se esfuman en seguida,
pues como un Proteo[1] el tiempo nos engaña.

¡Oh, vida, triste muerte, lánguida agonía,
ruda, trágica y terrible en tu inseguro reino,
vida que aun el tiempo y la fortuna envidian,

nos equivocamos al quejarnos de ti siempre,
pues nada hay más incierto que la vida
ni nada existe más seguro que la muerte!

---

[1] Dios marítimo que tenía la capacidad de cambiar de forma a voluntad.

Flaminio de Birague

Desesperado, totalmente cansado de la vida

Desesperado, totalmente cansado de la vida,
camino a largos pasos por el doloroso sendero
del espantoso Orco[1], a donde el severo hado
ha desde la cuna a mi juventud condenado.

Aquí, el terror de la noche oscura y tenebrosa
y el espeluznante horror del sombrío Aqueronte[2],
junto con todos los tormentos del negro Hades,
colman mi cabeza de una manía ingobernable.

Cielo, ¿por qué me has hecho nacer aquí abajo
para sufrir mil castigos peores que la muerte
y morir sin morir mil veces en una hora?

¡Ay!, ¡aplaca siquiera un poco tu injusto rigor
o, para liberarme al fin de mi lóbrega tristeza,
déjame morir ya, así muere también mi dolor!

[1] Uno de los nombres alternativos que recibía el Hades o Infierno.

[2] El Aqueronte (río del dolor) era otro de los cinco ríos del Hades, aquel por el que Caronte cruzaba a los muertos con su barca.

Mi vida es un infierno de dolores y torturas

Mi vida es un infierno de dolores y torturas,
mis terribles tormentos son látigos de castigo
y mis inquietudes son mortíferas serpientes
que prodigan a mi corazón inhumanas muertes.

Así como de lejos se ven las vanas esperanzas,
así todas las mías mueren en su primer verdor.
He hecho un Estigio de lágrimas, y mis ardores
han hecho en mis venas un hirviente Flegetonte.

Mis sollozos redoblados y mis voces lastimeras
son los horribles aullidos y furiosos ladridos
de ese infernal portero que ladra en el Abismo.

Pero una cosa me diferencia de las sombras:
que ellas son atormentadas por mil demonios
mientras que a mí me tortura una joven diosa.

Vosotros que habitáis el negro Orco

¡Vosotros que habitáis el negro Orco,
abandonad vuestra horrible mansión,
salid fuera de vuestra gruta avernal
y venid aquí a ver con vuestros ojos
mis inconcebibles dolores sin igual!

¡Oh, negro Plutón, oh, Proserpina[1],
oh, Megera, oh, Alecto, oh, Tisífone,[2]
oh, Cerbero, oh, sombras infernales,
oh, Átropos, oh, Cloto, oh, Láquesis,
venid todos a oír mis terribles males!

Los tormentos propios del Infierno
no igualan a los que yo he sufrido:
mis dolores son incomparables,
pues, en todo el ancho universo,
nadie hay que a mi miseria iguale.

¡Ay!, esa joven e increíble belleza
que, mediante una dulce crueldad,
con su cordel de oro me ha atado,
contra todas las leyes de la lealtad,
a la fidelidad del amor ha faltado.

¡Oh, negros espíritus del Infierno,
apiadaos de mi atroz sufrimiento
y haced que la Parca inhumana,
segando mi vida y todos mis males,
me lleve ya a la aqueróntica barca!

Mas, una vez que mis tristes pasos
la Parca allí abajo haya conducido,
a aquel fúnebre lago de negras ondas,
que estos versos que cantan mi muerte
perduren en el templo de la Memoria.

---

[1] Diosa romana equivalente a la Perséfone griega. Raptada y tomada como esposa por el dios infernal Plutón, pasó a reinar con él los mundos inferiores.

[2] Megera, Alecto y Tisífone eran las tres erinias o furias infernales, diosas de la venganza.

Ya que la cruel hermana

Ya que la cruel hermana
que ha urdido mi destino
de sufrir eternamente
ha hecho mi solo objeto,
que se aleje de mis ojos
el gran ojo de los cielos.

Melancólico visitante
de cruces y sepulcros,
vagaré fantásticamente
por bosques horrorosos,
compañero de los árboles
y de secretos demonios.

En las rocas solitarias,
atentos a mis voces,
los faunos y los lares[1]
harán eco a mis cantos,
los tristes testimonios
de mis fúnebres llantos.

Alejándome de la fuente
de todo el ruido humano,
con una queja lastimera
lamentaré noche y día
mis dolores, mis penas
y mis crueles desdichas.

Las sombras eternas
y los pálidos manes[2]
son mucho más fieles
a mi triste desconsuelo
que esa estrella radiante
que ilumina los cielos.

¡Ay!, ¿acaso mis ojos
podrán llegar a ver
el reflejo divino
que devuelve el espejo
de esa hermosa deidad
de la que soy prisionero?

---

[1] Los lares eran divinidades protectoras o guardianas a las que rendían culto los romanos.

[2] Los manes eran lares que protegían el hogar y que solían ser espíritus de los antepasados.

¿Podrán mis oídos,
a largos tragos ansiosos,
saciarse en la maravilla
de esos dulces acentos
surgidos de la voz
que siempre tengo lejos?

¿Podré atisbar el prado
tapizado de mil flores
y ver allí los divinos
contornos de mi hada,
cuya sombra de oro
es para mí ya sagrada?

¿Podré embriagarme
con los perfumes de Flora[3]
que a mi bella Aurora
soplan el dulce aliso,
el rosal y los brotes
del manzano florecido?

Efímera es para mí la luz
que muestra otro objeto
que mi dulce vencedora,
cuya divina apariencia
eclipsa en mi corazón
a cualquier otra belleza.

¡No soy yo quien forma
estos tristes acentos!
Sólo soy ya una sombra,
un espectro que vaga solo,
huérfano de sus sentidos,
en el Orco tenebroso.

Así otrora el pobre Orfeo[4],
a todos inspirando piedad
con su canto luctuoso
y sus fúnebres acordes,
del reino de los muertos
arrancó a su fiel consorte.

---

[3] Diosa romana de la primavera, los frutos y las flores, equivalente a la Cloris griega.

[4] El conocido mito de Orfeo, que descendió al Infierno en busca de su amada Eurídice y la perdió al no cumplir con la condición de no volverse a mirarla, nos llega en sus versiones más completas a través de Virgilio (*Geórgicas*, IV, 453 y ss.) y Ovidio (*Metamorfosis*, X, 1 y ss.).

Y aun ese triste hombre
más afortunado fue que yo,
pues, profundo debajo
de la puerta de Plutón,
para escuchar sus quejas
tuvo su esposa corazón;

mas la dulce guerrera
que me tiene prisionero
bajo las claras luces
de sus ojos carceleros
me expulsó a este bosque
sin escuchar mis lamentos.

¡Oh, sombras sagradas
ocultas en antros secretos,
en amuralladas grutas
de velado silencio
y en bosques antiguos,
contemplad mis tormentos!

¡En estas duras cortezas,
bajo estos oscuros ramajes,
grabad para siempre
mi deceso intempestivo,
que confinará mis deseos
a la sombra de los mirtos!

¡Adiós, lámpara diurna
de mi adorado sol!
Mis párpados caen
vencidos por el sueño
tras haber mirado de más
esos ojos siempre abiertos.

Théodore Agrippa d'Aubigné

Suspiros exhalados, sollozos en el aire perdidos

¡Suspiros exhalados, sollozos en el aire perdidos,
tristes testigos de los dolores de mi vergüenza,
estridentes lamentos abortados de mis penas,
y vosotros, ojos siempre en lágrimas derretidos;

deseos temblorosos, salvajes pensamientos,
placeres engañados por una vana esperanza,
sobresaltos que de una muerte inhumana
a mis agobiados sentidos me han devuelto;

grises cielos que tras de mí repetís mis quejas,
languideces propias de un millar de agonías:
haced sentir a Diane[1] las torturas sin tregua

que me inflige, de toda felicidad enemiga,
cuando ella busque en mi pérdida su vida
y yo encuentre mi muerte en su belleza!

---

[1] Diane Salviati, musa amorosa de las primeras obras del poeta y sobrina de Cassandre Salviati, quien había sido la primera musa de Pierre de Ronsard.

Ved al cielo morir en un doloroso esfuerzo

Ved al cielo morir en un doloroso esfuerzo
que ennegrece su boca y hace a sus ojos sangrar;
entre gemidos y jadeos, sus nervios se contraen
y sus pulmones respiran con creciente dificultad.

El sol tiñe de negro el bello oro de sus fuegos:
el ojo de este mundo queda privado de su vista
y el alma de todas las flores deja de florecer,
pues ya no hay vida en el principio de la vida.

Así como el cuerpo humano muere, vencido,
apenas el más leve golpe alcanza su corazón,
así agoniza y se confunde el mundo entero
a la menor herida del sol, corazón del universo.

La luna pierde el plateado de su tez blanquecina,
elevando por los cielos un rojo rostro de sangre,
y todas las estrellas mueren: las fieles profetisas
del destino en eternos eclipses quedan sumidas.

Todo se esconde de miedo: el fuego se oculta
en el aire, el aire en el agua y el agua en la tierra;
y, en el fúnebre conflicto de los elementos,
el color desaparece para siempre de toda belleza.

Todos aquellos que han probado cuántas muertes

Todos aquellos que han probado cuántas muertes
yacen ocultas bajo las flores de una larga amistad,
aquellos que, amando mucho, han tenido ya prueba
de su corazón pero no de una mirada de piedad,

aquellos que, como yo, ceban sus pensamientos
en un veneno endulzado, arriendo de su primavera,
podrán leer ahora mis lamentaciones, mis llantos
y mis sollozos perdidos en las ruinas de mi pasado.

Mas a aquellos otros que ostentan un rudo juicio
que se muestra reacio al amor, los espíritus salvajes
que jamás han doblado su cerviz al yugo de una dama,
les prohíbo mis versos, mis gritos y mis rabias.

Los primeros apreciarán el espíritu de mis lamentos,
inspirados por una belleza mezquina y su crueldad;
los otros pensarán que mis lágrimas son fingidas
y de la veracidad de mis amargos tormentos dudarán.

¡Ah, espíritu dichoso, es suficiente, no avances más,
no sigas hurgando en el sentido de mis palabras,
huye lejos de mí y deja que me atormente a gusto
sin turbar tu reposo con impertinentes lágrimas!

¡Venid, tristes enamorados, tomemos nuestras armas,
que no herirán más que a nuestros pechos desdichados,
luchemos salvajemente y ahoguémonos en lágrimas,
por el resto de nuestros días, en estos parajes desolados!

¡Utilicemos la hiel de nuestras infortunadas vidas
para aterrar con gritos las sombras de estos bosques,
y entonces estas fuentes y estas rocas solitarias
con sus ecos forestales responderán a nuestras voces!

Los vientos incesantes, las densas nubes grises,
los negros estanques con víboras en lugar de peces,
los ciervos temerosos, las fieras salvajes y los osos
para escuchar mi canto interrumpirán su reposo.

Así como el inclemente fuego reduce a cenizas
un palacio, extendiéndose ligero de lugar en lugar,
así la desdicha me devora mientras soy aniquilado
por la viva antorcha de Amor, ese dios despiadado.

¡Ay!, criaturas del boscoso Pan[1], faunos salvajes,
no intentéis curar la honda herida que me aturde:
no hallaréis ni un remedio a estos males amorosos
entre todas las bellas flores que la tierra produce.

Al socorro de mi vida o de mi ya cercana muerte
acudid, divinos seres que habitáis en estos lugares,
ya para ser médicos de mis sangrientos dolores,
ya para de mi pérdida ser testigos presenciales.

Relegado entre vosotros, quiero que en mi morada
ningún delicado placer deje una huella impresa;
caso contrario, habré de consumirme hasta morir,
satisfecho con el desesperado deseo de su belleza.

Mi lugar de reposo es una oscura cámara cubierta
con cráneos humanos y mil huesos blanquecinos,
donde toda dicha pronto se extingue en un horror
del que no me expulsa ningún bienvenido olvido.

Aléjense de un lugar así todos los que aún aspiren
a sembrar y cosechar algún tipo de contento;
búsquenlo aquellos que quieran imitar mi vida,
siempre que sea el amor la causa de sus tormentos.

Con extasiada adoración contemplo la anatomía
de un retrato de Diane entre las calaveras y huesos,
a fin de que, al ver su belleza, mi enemiga Fortuna
la rodee por todas partes con mi cruel deceso.

He encerrado mi vida en este anfiteatro mortuorio
que horrible torna toda belleza entre los restos óseos:
de esta manera, mi dicha es seguida por el espanto
y sólo en mis pesares la muerte encuentra reposo.

Quiero castigar a los ojos que por vez primera vieron
a aquella que a este lugar confinó mi sufrimiento:
jamás su belleza volverá a aproximarse a mi vista
más que en este escenario enemigo de lo placentero.

Y jamás los pies que por vez primera se acercaron
a las trampas del amor volverán a pisar tampoco
losas más pulidas que estas aterradoras rocas
que se han endurecido tal vez demasiado pronto.

[1] Dios griego de los pastores, los rebaños y los bosques, equivalente al romano Fauno.

Tú no usarás más guantes, oh, desdichada diestra
que prometes mi partida y que siempre la difieres:
una nudosa lanza de guerra te volverá irreconocible
si a hacer un nuevo juramento mi dama se decide.

El estómago enceguecido en el que fue traicionada
mi vanidad, y por el que comprometí toda mi razón,
irá desnudo y expuesto a los calores y a las lluvias,
y no cambiando de indumentos según la estación.

Un gris de tristeza y un atezado de envidia
cubrirán bruscamente todo mi cuerpo sudoroso,
y mi rostro abatido, bañado por las tormentas,
mostrará los surcos de dos lacrimosos arroyos.

¡Creced al igual que mis pesares, horrendos cabellos,
y que vuestras raíces sean regadas por mis llantos!
Ya que el acero del tiempo huye del mal que soporto,
que el acero deje también a mis cabellos intactos.

Todo contacto con el hombre a morir me incita;
busco mi refugio en aquello que horroriza y repele.
¡Huid de mí, placeres, alegrías, esperanza y vida!;
¡venid, males, desdichas, desesperación y muerte!

Busco las desolaciones, las montañas solitarias,
los bosques sin camino, los robles moribundos;
odio, en cambio, los bosques de follaje arreglado,
los lugares concurridos, los caminos frecuentados.

Me resulta hermoso contemplar los viejos caballos
cuyos huesos decrépitos atraviesan su pellejo raído,
mas sucumbo al ver aves batiendo felices sus alas,
pollos correteando y los brincos de las cabras.

Dichoso soy cuando encuentro una cabeza seca,
un ciervo masacrado, y oigo cervatillos que gritan,
mas mi alma desfallece en un estéril desprecio
al ver una cierva feliz entre los saltos de sus crías.

Amo ver viejas ramas despojadas de toda belleza
y pisar sobre las hojas extendidas por el otoño
cuyo anaranjado color sin esperanzas me complace
sugiriendo la imagen de la muerte a mis ojos.

¡Que un horror eterno y una noche sempiterna
me impidan huir y salir al exterior por completo,
y que una cruel guerra desatada en el aire furibundo
al igual que a mi espíritu aprisione a mi cuerpo!

¡Que jamás el sol resplandeciente ilumine mi cabeza,
que el cielo impiadoso me niegue eternamente su luz,
y que cuando llueva estallen siempre tempestades
avaras del buen clima y celosas de los rayos solares!

¡Que mi alma sea invierno y estaciones turbulentas,
que de mis aflicciones se colme todo el universo,
y que el olvido impida aún a mis redoblados males
el empleo de mi laúd y el consuelo de mis versos!

¡Que un tiempo inclemente estremezca sin cesar
un año de tormentas y una primavera de hielos,
y que fuera de estación una fría ancianidad
en el verano de mi edad cubra de nieves mis cabellos!

¡Si alguna vez, empujado por mi alma impaciente,
salgo a descargar mis furores en los bosques,
templándome con la muerte de una bestia inocente
o aterrando a las aguas y las montañas con mis voces,

que millares de aves nocturnas y cantos de muerte
me circunden, volando en fila sobre mi cabeza,
y que el aire, molesto por mis airados clamores,
con rondas de búhos y cuervos se ennegrezca!

¡Que la hierba se seque y muera bajo mis pasos,
y que la sombría mirada de mis ojos miserables
haga a todas las flores marchitarse y al sol, la luna
y los astros del firmamento tras las nubes ocultarse!

¡Que mi presencia haga a los manantiales secarse
y a las aves que pasan caer muertas a mis pies
asfixiadas por los pestilentes vientos de mis penas,
y que luego esas penas me asfixien a mí como a ellas!

¡Que cada vez que, derrotado por la fatiga, me eche
a descansar a los pies de árboles verdes y lozanos
la tierra a mi alrededor se hienda teñida de sangre
y los árboles pierdan todas sus hojas al instante!

Ya mi cuello, cansado de soportar mi cabeza,
se rinde bajo tanta carga y tantos padecimientos,
y cada miembro mío se marchita y se apresta
a despedir a mi espíritu, huésped de mis penas.

Titubeo con incertidumbre y mi alma inhumana,
temerosa de fracasar, abandona toda voluntad,
así como uno ve en el bosque a un roble tambalearse
hacia ambos lados sin caer cuando está a medio talar.

Sólo falta que un demonio, conociendo mi miseria,
venga un día a buscarme a las boscosas umbrías
y me ponga a prueba, tentando a mi desesperación,
para que en adelante le tribute adoración y lo siga.

Yo me resistiré, huyendo hacia las desolaciones,
los bosques profundos y las montañas, mas el cruel
seguirá mis pasos y asediará mi estudio y mi lecho
como un aire, como un fuego y ligero como el viento.

Me ofrecerá oro, pero no me interesan las riquezas;
también títulos y favores, pero desprecio las cortes;
luego me prometerá el corazón de mi amada
y en ese punto Dios vendrá en socorro de mi alma.

El embustero, tomando prestado el bello rostro
del ideal de mi espíritu, de mi dulce tormento,
pondrá entre mis brazos la figura de mi tirana,
mas en lugar de a ella no abrazaré más que la nada.

Cada tanto un espeso humo, negro o azulado,
surgirá ante mis ojos y me hará estremecer,
y, en forma de macho cabrío, fascinando mis ojos,
vendrá él a asaltarme junto a mi lecho de reposo.

Nueve gotas de sangre caerán en mi servilleta,
mi copa se romperá sin un golpe entre mis manos,
oiré estruendos en el aire y aparecerán chispas
de fuego que crecerán a demonios inhumanos.

Por último llegará de pronto un emisario a mi puerta,
un cortesano, pero se quedará sin cruzar el umbral,
y entonces de algún modo, en medio de tormentos,
mis huesos se empezarán a secar y caeré muerto.

Y cuando los rigores hayan puesto fin a mi vida,
y mi muerte haya puesto fin a mis sufrimientos,
la Fortuna, con su sed de torturas ya saciada,
dará fin a mis males, a mi existencia y a su rabia.

¡Ninfas que habéis visto la furia que me enloquece,
sátiros a los que mi voz ha alguna vez entristecido,
bautizad entre lágrimas algún pobre mausoleo
en las hondas profundidades de un bosque sombrío,

así, si mi alma más feliz muerta que viva alguna vez
asciende del Infierno para visitar mi sepulcro,
encontrará a su alrededor una desgreñada banda
de dríades narrando con sus voces mis desgracias!

¡Y procurad, a fin de eternizar la sanguinaria fuerza
de mis amores ardientes y de mis males diversos,
que el roble más cercano ostente en su corteza
los hechos de mi vida y mi muerte en estos versos!

Cuando, siervo ardiente y demasiado fiel, quise yo
vencer a un corazón impiadoso, sordo, ciego y sin ley,
encontré que sólo ira, rabia, muerte e inconstancia
pagaron mi sangre, mi fuego, mis penas y mi fe.

¡Que el dorado rayo del rubio Apolo nunca penetre
en mi gruta sin día, y que jamás planeta alguno
arroje con su mirada algo de luz a mi santuario,
como no sea, para favorecer mi duelo, la de Saturno[2]!

---

[2] Saturno era considerado el planeta de la melancolía.

François Béroalde de Verville

El fuego, el horror, la muerte, la pena y la ruina

El fuego, el horror, la muerte, la pena y la ruina
me acosan día, noche, instantes, años y eras,
y, bajo los mortales hierros de mi cautiverio,
veo al cruel Amor arrasar con mi existencia.

Me abismo en los dolores y en la melancolía,
mi vida se me escapa entre tanta crueldad,
y, por los constantes desaires, mi alma atribulada
siente los últimos estertores antes de expirar.

¡Oh, vosotras, hijas de la noche, furias eternas
cuyas crueles manos atormentan a las almas
que se han librado de sus cuerpos y del mundo,

con vuestra tortura mis torturas haced sucumbir
y, si la pena puede ser ahuyentada por la pena,
ahuyentad con mi muerte mil muertes de mí!

Quiero ahogar mi vida entre torrentes de lágrimas

Quiero ahogar mi vida entre torrentes de lágrimas,
quiero quemar mi corazón en el fuego que me inflama,
y con el sonido de mi voz quiero expulsar a mi alma
para alejarla de mí y poner fin a todas mis desgracias.

Por los mil golpes que son testigos de mis dolores,
quiero empujar a mi cuerpo bajo el frío de la navaja
y forzar así a mi mente, que de espanto se pasma,
a buscar su paz entre los más tenebrosos horrores.

Tras así haber reducido todo mi cuerpo a la nada,
en devoto sacrificio ofrecido a la dama que amo,
humildemente le ofrendaré las cenizas que queden

a fin de que, si alguna vez por mi amor es conmovida,
pueda llorar sobre ellas y acaso aun transmutarlas
en algún feliz fantasma que para ella cobre vida.

Estienne Durand

Sombras que en el horror de vuestra noche eterna

Sombras que en el horror de vuestra noche eterna
gemís sin descanso por vuestras faltas criminales,
abandonad brevemente vuestros antros de tormento
y venid a confirmarme que, entre sus penas fatales,
el Infierno no tiene ninguna que a las mías iguale
ni tampoco fuegos como aquellos que ahora siento.

Tú que ardes de sed entre las ondas fugitivas,[1]
el dolor no ha hecho de tu voluntad su cautiva
y aún puedes desear el agua que de ti ves escapar.
Mas cuando sufro como tú, cerca de mi remedio,
por más que veo que aumenta el mal que me posee,
no desearía, sin embargo, verme curado jamás.

Tú que giras sin cesar atado por cientos de cadenas,[2]
mi corazón permanece siempre atrapado como tú.
Ambos sufrimos por habernos atrevido a demasiado,
mas tú no has vuelto a ver a la autora de tus penas,
mientras que yo aún veo a esa orgullosa inhumana
riendo ante mí por los males que me ha ocasionado.

Tú cuyas vísceras alimentan a un águila hambrienta,[3]
ved a Amor arrancar de mí su presa acostumbrada
y a mi cuerpo superarte en arduos renacimientos,
pues tú a tu pena eterna ya te has acostumbrado,
mas, a veces esperanzado, a veces sin esperanzas,
las treguas de mi pena incrementan mis tormentos.

Vosotras que con agua queréis llenar una criba,[4]
ved cómo, para conmover a un espíritu insensible,
en vano me sirvo de eternos suspiros y lamentos.
Mas vosotras aún tenéis sobre mí la gran ventaja
de que el Infierno os provee agua para vuestra labor
mientras que yo dependo de mis propios desvelos.

---

[1] Alusión a Tántalo. Ver al respecto la nota 8 de la página 27.

[2] Alusión a Ixión, quien había recibido su castigo tras intentar seducir a la diosa Hera, esposa de Zeus. Ver al respecto la nota 11 de la página 33.

[3] Alusión a Ticio. Ver al respecto la nota 5 de la página 33.

[4] Alusión a las danaides, hijas del rey Dánao que habían dado muerte a sus esposos. Su castigo en el Tártaro consistía en intentar llenar de agua un barril sin fondo.

Tú que por una roca que cae sin cesar te fatigas,[5]
ved cómo esta esperanza que halaga a mi tristeza
en menos de un santiamén nace y se evapora.
Mas tus botines te han hecho culpable de tu pena,
mientras que yo, víctima de una bella inhumana,
soporto mi castigo por los pecados de otra persona.

Así sus bellos ojos son para mí un agua fugitiva,
una rueda que gira eternamente, un águila famélica
y una criba y una roca insensibles a mis deseos.
Belleza que me ocasionas esta muerte inmortal,
¿te volverás más cruel que todos esos destinos
y me harás a mí más desdichado que esos muertos?

Cuando los dioses condenaron a esos miserables,
comprendieron que dos males serían insoportables
y dieron a cada uno el suyo; mas yo los sufro todos.
¡Oh!, dado que te creo más poderosa que los dioses,
¡sustraed ya a mi desfalleciente alma de estos castigos,
pues salvar y condenar está sólo reservado a tus ojos!

---

[5] Alusión a Sísifo, quien había recibido su castigo en el Tártaro por sus robos. Ver al respecto la nota 5 de la página 33.

Théophile de Viau

Las parcas tienen rostros más alegres que el mío

Las parcas tienen rostros más alegres que el mío,
los condenados son, estimo, más felices que yo,
y sin duda el viejo Tirano que les dictó sus leyes
las penas que ahora siento jamás experimentó.

Los días más serenos son para mí de tormentas,
las cosas más bellas son para mí puro horror,
y los más dulces cumplidos que el rey me hace
son para mi insano espíritu una afrenta atroz.

Tu injusto desprecio me ha causado esta desdicha:
desde entonces sueño sin cesar con mis dolores
y nada salvo la muerte me genera algo de envidia.

Ved: si mi mala suerte en castigarme se obstina,
es lógico pensar que la muerte se niega a venir
porque su estado no es tan triste como mi vida.

Sobre el exilio

Ninguna esperanza a la que mi razón se aferre
un pesar tan evidente sería capaz de ocultar,
pues con dolor llevo, a donde quiera que huya,
una pena que ninguna ayuda puede arrancar.

Vengo a derramar lágrimas en sitios desolados,
donde la tierra languidece y el sol nunca llega,
y a con un torrente de incontenibles llantos
cubrir de vapores el aire y de lluvia la tierra.

Arrastrando por estos lugares mis hondas penas,
vago solitario a través del horror de los bosques
en los que el búho y el quebrantahuesos moran.

Aquí, el único consuelo que aún me sostiene
es el de jamás temer que los vivos me busquen
donde ni aun la luz del sol a penetrar se atreve.

Marc-Antoine Girard de Saint-Amant

La soledad

¡Oh, cómo adoro yo la soledad!
¡Lugares consagrados a la noche,
alejados del tumulto y del ruido,
cómo dais sosiego a mis angustias!
¡Oh, cómo se complacen mis ojos
al ver a estos bosques, ya presentes
en el origen mismo de los tiempos
y que todos los siglos han venerado,
permanecer tan verdes y magníficos
como en los primeros días del universo!

Un alegre céfiro[1] acaricia su follaje
con un movimiento dulce y agradable,
y nada salvo su imponente altura
pone de manifiesto su extrema vejez.
Tiempo atrás, Pan y sus semidioses
vinieron aquí a buscar refugio,
cuando Júpiter abrió los cielos
a fin de enviarnos su diluvio[2],
y, trepándose a las altas ramas,
a duras penas si vieron las aguas.

¡Oh, cómo sobre este espino florecido,
que ha enamorado a la primavera,
Filomela[3], con su tierno canto,
mantiene vivos mis ensueños!
¡Y cuán placentero me resulta ver
estos montes y sus precipicios,
que los golpes de la desesperación
tan propicios hacen a los desdichados
cuando la crueldad de su suerte
los empuja a buscar la muerte!

---

[1] Céfiro era, entre los griegos, el dios del primaveral viento del oeste. Era muy común en la poesía francesa el uso de *céfiro* para referirse a las brisas apacibles.

[2] Zeus desató un diluvio universal para castigar a la raza humana por hacer uso del fuego que Prometeo había robado a los dioses.

[3] Filomela es una forma poética de llamar al ruiseñor tras el trágico mito helénico, muy extendido en la literatura clásica, que narra la transformación del rey Tereo, su esposa Procne y su cuñada Filomela en una abubilla, una golondrina y un ruiseñor, respectivamente.

¡Oh, cuán dulce me es el bramido
de esos torrentes vagabundos,
que se precipitan entre saltos
por aquel valle verde y salvaje,
y que, deslizándose bajo los arbustos
al igual que serpientes por la hierba,
se vuelven luego agradables arroyos
en los que alguna orgullosa náyade
reina, como en su lecho natal,
sentada sobre un trono de cristal!

¡Cómo amo ese estanque apacible!
Está rodeado de serbales silvestres,
mimbreras blancas, alisos y sauces
para los que el hierro no es amenaza.
Las ninfas, atraídas por su frescura,
se aprovisionan allí de espadañas,
juncos, cañas y arcilla, en ese lugar
donde es común ver saltar a las ranas
que, aterradas, escapan de la vista
tan pronto como uno se les aproxima.

Una miríada de aves acuáticas
mora allí, en su apacible descanso,
sin temer los mortales ejercicios
del cazador hábil y experimentado.
Una, feliz por el hermoso día,
se entretiene picoteando sus plumas;
otra enciende los fuegos del amor
que en el agua misma se consumen
y de manera inocente se abandona
a su placer sobre aquellas ondas.

Jamás ni el estío ni la fría estación
han visto surcar sobre esas aguas
bote o embarcación alguna
durante toda su duración;
jamás un viajero sediento
usó allí sus manos como un cuenco;
jamás una corza desesperada
fue a morir allí víctima de la caza;
y jamás el anzuelo traicionero
sacó allí a un pez de su elemento.

¡Oh, cómo amo ver la decadencia
de esos viejos castillos en ruinas
contra los que los años amotinados
han desplegado toda su insolencia!
Allí las brujas celebran sus *sabbats*[4];
allí se ocultan los traviesos demonios
que, con maliciosas jugarretas,
engañan y burlan nuestros sentidos;
y allí anidan, en miles de agujeros,
culebras, búhos y mochuelos.

Los fúnebres gritos de la lechuza,
mortales augurios del destino,
hacen reír y danzar a los elfos
en esos lugares llenos de tinieblas.
Bajo una viga de madera maldita
se balancea el horrible esqueleto
de un pobre amante que se ahorcó
por una pastora insensible y cruel
que ni una sola mirada de piedad
se dignó a dirigir a su amistad.

Pero el Cielo, imparcial juez
que mantiene las leyes en vigor,
pronunció contra aquel rigor
una aterradora sentencia:
alrededor de esos viejos huesos,
el alma en pena de la condenada
debe lamentar con largos gemidos
el infortunado destino del joven
y contemplar, con horror creciente,
el efecto de su crimen para siempre.

Allí perduran, sobre el mármol,
divisas de tiempos pasados;
aquí los años han casi borrado
letras talladas sobre los árboles;
los techos del lugar más elevado
yacen caídos en los subsuelos
que los sapos y las babosas
ensucian con su baba y su veneno;
y la hiedra trepa sobre el hogar
a la sombra de aquel enorme nogal.

[4] Uno de los nombres dados al aquelarre.

Debajo se extiende una bóveda
tan sombría en ciertos lugares
que, cuando Febo allí desciende,
no creo que alcance a ver nada;
el Sueño de pesados párpados,
encantado por el lóbrego silencio,
duerme allí, lejos de toda inquietud,
entre los brazos de la negligencia
y cómodamente echado de espaldas
sobre montones de adormideras.

En lo hondo de esa fresca cueva,
donde Amor podría congelarse,
Eco se consume de ardiente deseo
por su frío y desdeñoso amante.
Allí me deslizo sin hacer ruido
y, mediante la celeste armonía
de un dulce laúd, con aprendidos
encantos apaciguo su triste manía
haciéndole repetir mis acordes
con su incorpórea existencia de voces.

A veces, saliendo de esas ruinas,
escalo hasta lo alto de esta roca,
cuya cima parece querer buscar
el lugar donde nacen las lloviznas,
y luego desciendo ociosamente
hasta un precipicio escarpado
desde el cual contemplo con placer
las olas que sin cesar lo erosionan
casi hasta el hogar del camarón,
hecho de limo y de esponjas.

¡Oh, qué cosa tan agradable
es pasear a orillas del mar
cuando este recupera la calma
tras alguna espantosa tempestad
y los melenudos tritones[5],
en lo alto de las agitadas olas,
llenan el aire de extraños sones
soplando sus roncas trompas,
cuyos sonidos vuelven respetuosos
hasta a los vientos más impetuosos!

[5] Criaturas similares a las sirenas pero masculinas, mitad hombre, mitad pez.

A veces la ola, enturbiando la arena,
murmura y se estremece de cólera
al deslizarse sobre los guijarros
que ya trae como se lleva de vuelta;
otras, va exhibiendo a su paso
los efectos de la ira de Neptuno:
gente ahogada, monstruos muertos,
restos de antiguos naufragios,
ámbar gris, perlas, diamantes
y otros mil objetos invaluables.

A veces, en su insuperable claridad,
el mar parece un espejo flotante
y nos permite apreciar al instante
otro cielo más sobre sus oleajes;
el sol puede verse tan bien allí,
al contemplar su divino rostro,
que nos lleva un tiempo deducir
si se trata de él o de su reflejo,
pues al principio se ve a nuestros ojos
como si se hubiese caído del cielo.

Bernières[6], por quien me envanezco
de no hacer nada que no sea bello,
recibe estos fantásticos cuadros
inspirados por una pintura viviente.
Yo no busco más que las desolaciones
donde, soñando solo, me distraigo
con discursos asaz elocuentes
creados por mi genio y mi musa,
si bien mi más amable pasatiempo
es dedicarme a evocar tu recuerdo.

Tú eres capaz de ver en mi poesía,
pletórica de licencia y de ardor,
los hermosos rayos del esplendor
que otorga su luz a mi fantasía;
a veces triste, a veces alegre,
según qué pasión me inflame
y qué objeto a mis ojos se ofrezca,
las palabras en mi alma brotan
sin poner freno a la libertad
del demonio que me transporta.

[6] Charles II Maignart de Bernières (1562-1621), protector a quien el poema está dedicado.

¡Oh, cómo adoro yo la soledad!
Es el elemento del buen juicio
y es por ella que he aprendido
el arte de Apolo[7] sin jamás estudiar.
Yo la amo también por amor a ti,
sabiendo que tu humor la ama;
mas, cuando pienso en el mío,
la odio por esa misma razón:
pues ella podría arrebatarme
la dicha de servirte y de contemplarte.

---

7 El dios Apolo era patrón de la música, el arte y la poesía.

François Tristan l'Hermite

En los cementerios

Lugar melancólico en que los espíritus en pena
cada noche se lamentan de sus adversidades
y murmuran sin cesar sobre las necesidades
que los empujan a errar entre tumbas decrépitas.

Aquí, huesos apilados y viejas piedras parlantes
que preservan nombres para la posteridad
rinden testimonio de la vida y su fragilidad
para censurar el orgullo de las almas arrogantes.

¡Oh, tumbas, pálidos testigos del riguroso destino
a donde en secreto vengo a dialogar con la Muerte
de un amor que no veo bien recompensado,

vosotras llenáis las almas de espanto y horror;
mas el objeto más dulce que me viene a la mente
es aún más triste y funesto que todo cuanto sois!

La miseria del hombre de mundo

Venir a la luz sin fuerza y sin habilidad alguna,
y, no habiendo hecho más que comer y dormir,
sufrir los mil rigores de una ayuda extraña
para dejar detrás la debilidad y la ignorancia;

luego, servir mucho tiempo a una dama ingrata
que no es nunca posible complacer ni ganar,
o que, de una naturaleza inconstante y ligera,
es fuente de poca alegría y de mucha tristeza;

ser caballero en la corte y, finalmente, encanecer,
retirado del ruido y aguardando en el hogar
los inevitables achaques de la avanzada edad.

Tal el destino del hombre, ¡oh, cuán miserable!
¿Son todos estos beneficios acaso suficientes
para amar tanto la vida y temer tanto la muerte?

Samuel Daniel

Al Sueño

¡Sueño, encantador de zozobras, hijo de la negra Noche,
hermano de la Muerte, nacido en silenciosas tinieblas:
da alivio a mi angustia, devuélveme la luz y, echando
un oscuro manto de olvido sobre mis temores, regresa!

¡Deja que el día sea tiempo suficiente para lamentarme
por el funesto naufragio de mi juventud desventurada,
y que basten mis ojos despiertos para llorar los desdenes
sin que los tormentos de la delusora Noche me invadan!

¡Cesad, sueños, imágenes de nuestros deseos diurnos,
de moldear ante mi mente las pasiones de mañana,
y que ningún amanecer descubra vuestros embustes
para agravar con aún más tristeza mi vida torturada!

¡Oh, tan sólo dejadme dormir abrazando nubes en vano
y nunca más despertar para sentir del día el rechazo!

Si esto es el amor

Si esto es el amor, suspirar de manera abatida,
gritarle al vacío, llorar a la orilla de las aguas,
caminar siempre cabizbajo leyendo en la tierra
las tristes huellas de una pasión desesperada;

si esto es el amor, estar en guerra con mi alma,
caer entre sollozos, levantarme entre suspiros,
empujar la nunca inmóvil roca de la inquietud,
gemir por mis penas y jamás poder hallar alivio;

si esto es el amor, vestir negros pensamientos,
frecuentar sitios desiertos para llorar a solas,
horror en los placeres, notas de música trágica,
en mis ojos lágrimas y en mi corazón congoja;

si esto es el amor, arrostrar una muerte en vida,
entonces amaré, suspirando de manera abatida.

John Milton

L'Allegro

De ahora en más, aborrecida Melancolía,
  nacida de Cerbero y de la negra Noche
en una desolada caverna estigia,
  entre hórridas formas, gritos y visiones impías,
encuentra alguna espantosa celda
  en la que la oscuridad despliegue sus celosas alas
mientras el cuervo nocturno canta,
  y allí, bajo sombras de ébano y ceñudas rocas
tan escabrosas como tus rizos,
  en un oscuro desierto cimerio[1] por siempre mora.

Pero tú ven a mí, diosa hermosa y libre,
en el cielo llamada Eufrósine[2]
y por los hombres regocijante Alegría,
a quien la hermosa Venus en un parto,
junto a otras dos gracias[3] como hermanas,
al dios Baco coronado de hiedra dio;
o tal vez, como algunos más sabios cantan,
a quien el travieso viento de la primavera,
Céfiro, mientras jugaba con Aurora
una vez que se encontraron en mayo
sobre lechos de azules violetas
y frescas rosas bañadas de rocío,
con su amiga engendró, una hija hermosa,
tan cordial, animada y encantadora.

Apresúrate, ninfa, y trae contigo
las bromas y el juvenil espíritu festivo,
las burlas, las ocurrencias, las joviales tretas,
las señas, los guiños y las amplias sonrisas
similares a las que rondan las mejillas de Hebe[4]
y aman vivir en esos radiantes hoyuelos;
la Diversión, que a la adusta Inquietud ridiculiza,
y la Risa, que sin cesar sus dos lados estira.
Ven y danza con agilidad mientras caminas
sobre las ligeras y fantásticas puntas de tus pies;

---

[1] Cimeria era, en la mitología griega, el país de la noche eterna.

[2] Diosa griega de la alegría, una de las tres cárites o gracias.

[3] Las otras gracias, hermanas de Eufrósine, eran Aglaye, la belleza, y Talía, la abundancia.

[4] Diosa griega de la juventud, equivalente a la Juventas romana.

conduce contigo, tomada de tu mano derecha,
a esa ninfa de la montaña, la dulce Libertad;
y, si te rindo el honor debido,
Alegría, admíteme entre los tuyos
para vivir con ella y para vivir contigo
en placeres libres y permitidos;
para oír a la alondra iniciar su vuelo
y sobresaltar a la noche con su canto,
desde su torre vigía en los cielos,
hasta el despertar de la moteada mañana,
y entonces levantarme, a pesar de la tristeza,
y en mi ventana dar los buenos días
a través de la zarza, la viña
o la retorcida madreselva,
mientras el gallo con su viva melodía
disipa la retaguardia de la oscuridad
y en el almiar, o a la puerta del granero,
ufano ante sus damas se pavonea;
y escuchar a menudo a los sabuesos y el cuerno
despertar alegremente al dormido amanecer
desde la falda de alguna neblinosa colina
produciendo agudos ecos en los bosques;
y a veces caminar, no sin ser visto,
entre olmos y arbustos, por verdes montes,
derecho hacia el portal oriental
desde el cual el sol inicia su ceremonia,
ataviado en llamas y luz ambarina
y bajo nubes engalanadas con mil libreas,
mientras el labrador, en las cercanías,
silba sobre la tierra surcada,
la joven lechera feliz canturrea,
el segador afila su guadaña
y cada pastor cuenta sus ovejas
bajo los espinos del valle.

Y ya mis ojos nuevos placeres atrapan
mientras recorren el paisaje circundante:
céspedes rojizos y grises barbechos
donde se pierden los rebaños que pastan;
montañas en cuyos áridos pechos
las henchidas nubes con frecuencia descansan;
prados adornados con coloridas margaritas;
arroyos poco profundos; ríos anchurosos;
y enhiestas torres de robustos almenajes
por sobre frondosos árboles erguidas
en las que acaso alguna bella dama viva,
la atracción de todas las miradas vecinas.

Cerca de allí, la chimenea de una cabaña
humea en medio de dos añosos robles,
donde Coridón y Tirsis juntos se sientan[5]
ante una sabroso plato de hierbas
y de otros manjares de la región
que la pulcra Filis adereza
antes de salir, presurosa,
para con Testilis atar gavillas
o, en una estación más temprana,
dirigirse al viejo henil en la pradera.
A veces con despreocupado deleite
los caseríos de las tierras altas nos convocarán,
cuando las alegres campanas repiquen
y los jocundos violines suenen
para numerosos mozos y doncellas
que bailarán entre las sombras dispersas;
y jóvenes y ancianos irán a entretenerse
por igual en el soleado día de fiesta
hasta que la luz del sol desaparezca;
entonces beberán la sabrosa y oscura cerveza
y contarán muchas historias de proezas
o de cómo el hada Mab[6] los dulces saborea;
una asegurará que fue pellizcada por espíritus,
otro dirá que por fuegos fatuos fue conducido
y narrará cómo transpiró el afanoso duende
para ganarse su merecido cuenco de crema
cuando, en una sola noche, antes del despuntar
de la aurora, con su ligero mayal molió el maíz
que diez hombres no habrían podido en un día
para luego recostarse, el benéfico trasgo,
y, estirado al lado de la chimenea,
calentar junto al fuego su peluda fuerza
y huir por último totalmente saciado
antes de que el primer gallo entonara su canto.
Terminados los cuentos, a la cama se dirigen
y el susurrar del viento pronto al sueño los arrulla.
Entonces nos atraen ciudadelas de torres
y el atareado canturrear de sus hombres,
donde numerosos caballeros y audaces barones
en atavíos de paz grandes triunfos celebran
frente a muchas doncellas cuyos brillantes ojos
llueven influencia mientras juzgan el premio

---

[5] Coridón, Tirsis, Filis y Testilis son todos nombres de personajes pastoriles que aparecen en las *Bucólicas* de Virgilio.

[6] Tradicional reina de las hadas, popularizada por William Shakespeare en *Romeo y Julieta* (cfr. Acto I, Escena IV).

de astucia o de armas cuando ellos combaten
para ganar su gracia, que todos alaban.
Y que a menudo aparezca allí Himeneo[7]
en vestiduras azafranadas y con antorchas,
pompa, diversión, máscaras y antiguo fausto,
vistas tales como las que los jóvenes poetas
sueñan junto a arroyos encantados
en las cálidas noches de verano.
Luego acudiremos al meritorio teatro
si pisan el escenario los zuecos[8] del sabio Jonson[9]
o si el dulce Shakespeare, el hijo de la Fantasía,
entona las salvajes notas de sus bosques nativos;
y que siempre, haciéndome olvidar mi apetito,
me envuelvan esos suaves aires lidios[10]
casados con versos inmortales,
tales como los que pueden penetrar el alma
con notas, con muchas cautivadoras ráfagas
de encadenada dulzura exhalada,
con voluptuosa atención y vertiginoso saber,
y con la voz deshaciéndose a través de laberintos
y desentrelazando todas las cadenas que atan
el oculto espíritu de la armonía,
de modo tal que el mismo Orfeo,
alzando su cabeza de su dorado sueño
en un lecho de amontonadas flores elíseas[11],
podría oír melodías como las que acaso
ganaron el oído de Plutón hasta el punto
de moverlo a liberar a su casi recuperada Eurídice.

Si puedes concederme todos estos deleites,
Alegría, contigo entonces viviré para siempre.

---

[7] Dios griego de las ceremonias matrimoniales.

[8] Tipo de calzado ligero que en la antigua Grecia utilizaban los actores de comedia.

[9] Ben Jonson (1572-1637) fue un influyente dramaturgo contemporáneo de Milton, autor de comedias como *Volpone* y *The Alchemist (El alquimista)*.

[10] Alusión al modo musical lidio, perífrasis de Milton para referirse a la poesía.

[11] Los Campos Elíseos o Islas de los Bienaventurados eran la región paradisíaca del Hades a la que iban las sombras de los hombres justos y virtuosos, así como las de los héroes.

Il Penseroso

De ahora en más, vanas alegrías engañosas,
hijas de la locura concebidas sin padre alguno,
por poco que ayudabais o distraíais
con vuestros juguetes a la mente concentrada,
morad en algún cerebro ocioso
y atraed sus necias fantasías con formas llamativas,
tan apiñadas e incontables
como las motas que danzan en los rayos de sol,
o como fluctuantes sueños mejor,
los volubles acompañantes del séquito de Morfeo[1].

Pero a ti te saludo, diosa sabia y sagrada,
te saludo, oh, divina Melancolía,
tú cuyo santo rostro es demasiado brillante
para ser percibido por la vista humana,
y que por consiguiente nuestra débil visión ve
cubierto por el oscuro matiz de la grave Sabiduría,
negro, pero tal como el que en estima podría
el de una hermana del príncipe Memnón[2] parecer,
o el de esa constelada reina etíope[3] que intentó
poner las alabanzas a su belleza por encima
de las nereidas, y que así sus poderes ofendió;
mas tú desciendes de un linaje aún más alto:
Vesta[4] la de lustrosos cabellos, en tiempos remotos,
de los abrazos del solitario Saturno te engendró,
aun siendo ella su hija, pues en el reino de aquel
tales uniones no eran consideradas una mancha;
con frecuencia en esplendorosas glorietas y claros
se encontraron, así como en las secretas umbrías
de la arboleda más oculta del boscoso Ida[5],
mientras el temor a Júpiter aún no existía.

Ven, pensativa monja, pura y devota,
constante, recatada y sobria,
ataviada con un manto de oscura tela
que fluye en una majestuosa cola
y con una negra estela de lana de Chipre
echada sobre tus decentes hombros;

---

[1] Dios griego de los sueños, hijo de Hipnos, el dios del sueño.

[2] Memnón fue un legendario rey de Etiopía hijo de Titono y de Eos, la aurora.

[3] Casiopea provocó la ira de las nereidas al considerarse más hermosa que ellas, por lo que Poseidón la ató a una silla de tortura en los cielos, donde se transformó en una constelación.

[4] Diosa romana del hogar, equivalente a la Hestia griega.

[5] Monte de la isla de Creta donde nació Júpiter.

ven, mas tu habitual comportamiento mantén,
con paso medido y andar pensativo,
con miradas que comercian con los cielos
y tu alma extasiada asomando en tus ojos,
y así, retenida en pasión divina,
olvídate de ti hasta volverte mármol
para por último, dejando caer tu triste rostro,
fijar tus pupilas igual de firmemente en el suelo;
y que se unan a ti la calma Paz y el Sosiego;
y guarda el Ayuno, que con los dioses a menudo
lleva su dieta, oyendo a las musas cantar
en un círculo alrededor del altar de Jove[6];
y añade a estos el retirado Ocio,
que en elegantes jardines su placer encuentra;
pero primero, y principalmente, trae contigo
a aquel que allí vuela con doradas alas
guiando el trono de ardientes ruedas,
el querube de la Contemplación;
y al mudo Silencio chista hasta aquí,
a no ser que Filomela se digne a cantar
con su dulce y triste solemnidad,
suavizando el áspero ceño de la noche,
mientras Cintia[7] detiene su tiro de dragones
apaciblemente sobre el acostumbrado roble.
¡Dulce ave que rehúyes el bullicio del vulgo,
tú, la más musical, la más melancólica!,
a ti, eterna cantora, a través de los bosques
a menudo busco, a fin de oír tu canto nocturno,
y, no pudiendo hallarte, camino, sin ser visto,
sobre el seco y suavemente recortado verde
con el propósito de contemplar a la errante luna
cabalgar cerca de su más alto cénit,
cual si se hubiese extraviado
a través de la llanura sin senderos del cielo,
para luego, como si sólo inclinara su cabeza,
sobre alguna mullida nube recostarse.

A menudo, desde un terreno elevado, escucharé
el lejano sonido de la campana del toque de queda
elevándose sobre alguna extensa zona costera
mientras oscila con lento y melancólico tañido;
o, si el clima tal cosa no permite,
algún tranquilo y apartado lugar servirá,
donde a través del cuarto brillantes rescoldos

---

[6] Nombre alternativo del dios Júpiter.

[7] Epíteto de Ártemis o Diana, diosa que a veces se asociaba a la luna.

enseñen a la luz a imitar a la oscuridad,
lejos de toda presencia de alegría
salvo por la del grillo en la chimenea
o la del somnoliento ensalmo con que el centinela
bendice contra nocturnos daños a las puertas.
O que mi lámpara, a la hora de la medianoche,
sea vista en alguna alta y solitaria torre
en la cual pueda yo a menudo superar en vigilia
a la Osa[8] con el tres veces grande Hermes[9],
o invocar al espíritu de Platón para aclarar
qué mundos o qué vastas regiones albergan
a la mente inmortal que ha abandonado
su etérea mansión en este rincón mortal,
o a los de aquellos demonios que habitan
en el fuego, en el aire, bajo tierra o en el mar,
y cuyos poderes tienen un verdadero acuerdo
con los planetas o con los elementos.
Y que a veces la magnífica Tragedia,
con su pompa real, se acerque majestuosa
presentando a Tebas[10], a la estirpe de Pélope[11]
o alguna narración de la divina Troya[12],
o aquello, aunque raro, con que recientes tiempos
han ennoblecido el escenario por coturnos[13] pisado.
¡Mas, oh, triste virgen, si tan sólo tu poder
pudiese resucitar a Museo[14] de su bosquecillo
o hacer al alma de Orfeo cantar tales notas
como las que, entonadas con las cuerdas,
pudieron arrancar lágrimas de hierro a Plutón
y moverlo a conceder lo que buscaba el amor;
si pudieses llamar a aquel[15] que por la mitad
dejó la historia del audaz Cambuscán,
de Cambalo, de Algarsif y de aquel
que tomó por esposa a Canacé
y que poseía el anillo y el cristal mágicos,

---

[8] La Osa Mayor, constelación visible en el hemisferio norte durante todo el año.

[9] Hermes Trismegisto, legendario filósofo egipcio creador de la alquimia y el hermetismo.

[10] Las tragedias clásicas sobre el ciclo tebano son *Los siete contra Tebas*, de Esquilo; *Edipo rey*, *Edipo en Colono* y *Antígona*, de Sófocles; y *Las suplicantes* y *Las fenicias*, de Eurípides.

[11] Se centran en los descendientes de Pélope las tres tragedias que componen la *Orestíada*, de Esquilo; *Electra*, de Sófocles; y *Orestes*, *Electra* y las dos *Ifigenias*, de Eurípides.

[12] Las tragedias clásicas sobre el ciclo troyano son *Agamenón*, de Esquilo; *Áyax* y *Filoctetes*, de Sófocles; y *Helena*, *Andrómaca*, *Hécuba* y *Las troyanas*, de Eurípides.

[13] Tipo de calzado alto y pesado que en la antigua Grecia utilizaban los actores de tragedia.

[14] Al igual que Orfeo, Museo fue un aedo o cantor legendario de la mitología helénica.

[15] Alusión a Geoffrey Chaucer (1343-1400), quien en sus *Cuentos de Canterbury* dejó inconcluso el relato del escudero, donde aparecen los personajes mencionados a continuación.

así como el maravilloso corcel de metal
en el cual el rey tártaro cabalgó;
y sumado a ello todas las otras cosas
que los grandes bardos, con solemnes tonos,
han cantado de torneos, de colgados trofeos,
de bosques umbrosos y de hechizos espantosos,
donde se dice mucho más de lo que al oído llega!
Así me verás a menudo en tu pálida carrera,
Noche, hasta que la amable Mañana aparezca,
no ataviada y adornada como acostumbraba
al salir de caza con el joven[16] de Atenas,
sino envuelta en una decente nube
mientras los feroces vientos silban y arrecian,
o precedida por un apacible chaparrón
que, cuando las ráfagas han agotado su fuerza,
termina cayendo sobre las susurrantes hojas
en espaciadas gotas desde los aleros.
Y cuando el sol comience a arrojar
sus flamígeros rayos, diosa, llévame
a las abovedadas sendas de bosques umbrosos
y a las marrones sombras, por Silvano[17] amadas,
de pinos o de monumentales robles
donde la ruda hacha, con esforzado golpe,
nunca haya sido oída asustando a las ninfas
o ahuyentándolas de sus sagradas arboledas.
Allí, en un secreto refugio junto a algún arroyo
donde ninguna mirada profana pueda verme,
ocúltame del dorado ojo del día,
mientras la abeja manchada de miel,
que canta durante sus floridas labores,
y el monótono murmullo de las aguas
inviten, uniéndose en solemne armonía,
al apacible Reposo de plumas de rocío;
y que algún extraño y misterioso sueño
agite de sus alas una etérea visión onírica
que de vívida manera ante mi mente se exhiba,
suavemente proyectada sobre mis párpados;
y, cuando despierte, suspira dulce música
arriba, alrededor y por debajo de mí,
enviada por algún espíritu para bien mortal
o por el invisible genio de los bosques.
Pero que mis rectos pasos nunca dejen
de hollar los reductos del estudioso claustro
ni yo de amar el alto techo abovedado,

[16] Céfalo, joven ateniense que fue raptado por Eos, la aurora, quien lo convirtió en su amante.

[17] Deidad romana protectora de los bosques.

con sus antiguos y resistentes pilares
y los ventanales, ricamente ornados con historias,
que sólo dejan filtrar una luz lóbrega y religiosa;
y que allí el atronador órgano resuene,
junto al coro de variadas voces debajo,
en altos servicios y claros himnos
capaces de cautivar con su dulzura mis oídos
para disolverme en éxtasis prolongados
y traer al mismo Cielo ante mis ojos.
Y que finalmente mi cansada edad
encuentre la tranquila ermita,
el abrigado ropaje y la musgosa celda
donde pueda sentarme y nombrar correctamente
cada estrella que el firmamento ostenta
y cada hierba que del rocío abreva
hasta que la vieja experiencia alcance
algo similar a los saberes de un profeta.

Otórgame, Melancolía, todos estos placeres
y contigo entonces elegiré morar para siempre.

El paraíso perdido

(EXTRACTOS)

LIBRO I

De la primera desobediencia del hombre y el fruto
de ese árbol prohibido, cuyo funesto bocado trajo
a la Muerte y todas nuestras aflicciones al mundo,
con la expulsión del Edén, hasta que un Hombre
nos restituyó y recuperó el bienaventurado lugar,
canta, oh, musa celestial[1], que en la secreta cumbre
del Horeb, o del Sinaí, inspiraste a aquel pastor
que fue el primero en enseñar al pueblo elegido
cómo en el comienzo la tierra y los cielos
surgieron del Caos.

[...]

Dime primero, ya que el Cielo nada esconde a tu vista,
ni tampoco la profunda extensión del Infierno,
qué causa llevó a nuestros padres en su feliz estado,
tan altamente favorecidos por el Cielo, a separarse
de su Creador y a transgredir la única restricción
de su voluntad, señores de todo el resto del mundo:
¿qué los indujo a esa vergonzosa sublevación?
La serpiente infernal; ella fue, cuya artera malicia,
animada por la envidia y la venganza, engañó
a la madre del género humano. Su orgullo habíala
precipitado desde el Cielo, junto con toda la hueste
de ángeles rebeldes con cuya ayuda aspiró
a colocarse en gloria por encima de sus pares,
confiando poder igualarse al Más Alto
si a este se oponía, cuando, en ambiciosa mira,
contra el trono y la monarquía de Dios entabló
una impía guerra en el Cielo y una orgullosa batalla,
en vano intento. El Poder supremo la arrojó
envuelta en llamas desde la bóveda etérea,
en atroz ruina y combustión, hacia una perdición
sin fondo, para allí permanecer entre cadenas
adamantinas y fuegos de castigo por haber osado
desafiar a las armas al Todopoderoso. Nueve veces
el espacio de tiempo que miden el día y la noche
entre los mortales, aquel espíritu con su hórrida hueste
yació vencido, revolcándose en el ardiente Abismo,
maldito aunque inmortal. Pero su condena

[1] Invocación a Urania, la musa de la astronomía, la astrología y los saberes celestes.

reservábale aún más rabia, pues ahora el pensamiento
tanto de felicidad perdida como de eterno dolor
le atormenta; a su alrededor pasea sus funestos ojos,
que testimonian inmensa aflicción y consternación,
junto con un inquebrantable orgullo y perpetuo odio.
De una sola mirada, que llega tan lejos como es dado
a la vista de los ángeles, ve el espantoso sitio, desolado
y sombrío: un calabozo horrible, en toda su periferia,
como un horno, llameando; pero de aquellas llamas
ninguna luz brota, sino más bien visibles tinieblas
que sólo sirven para descubrir visiones de horror,
regiones de tristeza, lúgubres sombras, donde la paz
y el descanso no pueden jamás morar; la esperanza
nunca llega, que llega a todo; pero una tortura
sin fin impera, y un diluvio de fuego alimentado
por un inextinguible azufre que por siempre arde.
Tal el sitio que la justicia eterna había preparado
para aquellos rebeldes: aquí estaba destinada
su prisión en completa oscuridad, tan alejada de Dios
y la luz del Cielo como tres veces la distancia que media
entre el centro del universo y el polo más distante;
¡oh, cuán distinto del lugar del cual cayeron!
Allí a los compañeros de su caída, sepultados
en olas y torbellinos de tempestuoso fuego,
pronto divisa; y, revolcándose a su lado, a uno
que le era el segundo en poder y el segundo en crimen,
mucho tiempo después conocido en Palestina
y llamado Belcebú[2], a quien el gran enemigo,
desde entonces en el Cielo llamado Satán, rompiendo
el silencio con altivas palabras así comenzó a decir:

«Si eres tú aquel... ¡pero, oh, cuán caído, cuán diferente
de ese que, en los felices reinos de la luz, ataviado
en trascendental brillo sobrepasaba en esplendor
a miríadas, aunque brillantes! Si eres aquel a quien
una mutua alianza, pensamientos y consejos afines
e iguales esperanza y riesgo en la gloriosa empresa
unieron conmigo una vez, y que ahora la miseria
ha unido en idéntica ruina, ¿puedes ver en qué Abismo
y desde qué altura hemos caído?, tan poderoso se probó
Él con su trueno. Mas ¿quién conocía hasta entonces
la fuerza de esas terribles armas? Sin embargo,
ni por ellas, ni por lo que el Vencedor pueda aún
infligirnos en su cólera, me arrepiento o cambio,

[2] Antiguo dios adorado por los filisteos, cuyo nombre original, Baal-Zebub, significa «señor de las moscas». En demonología es considerado uno de los príncipes del Infierno.

aunque cambiado en brillo exterior, la firme mente
y el alto desdén, nacido del sentido del mérito herido,
que con el Todopoderoso me llevaron a combatir,
arrastrando al feroz combate a innumerables
fuerzas de espíritus armados que se atrevieron
a despreciar su reinado y, prefiriéndome a mí,
a su poder supremo un poder adverso opusieron
en una indecisa batalla librada en las llanuras del Cielo
que hizo temblar su trono. ¿Qué hay con que el campo
haya sido perdido? Aún no está perdido todo:
la voluntad inconquistable, los planes de venganza,
el odio inmortal, un valor que jamás se someterá
o se rendirá... ¿y qué si no eso es no haber sido vencidos?
Esa gloria no me la arrebatará jamás, ni por su rabia
ni por su fuerza: el verme inclinarme, rogar
su perdón con rodilla suplicante y alabar su poder,
cuyo imperio acaba de ser puesto en duda por el terror
de este brazo. Tal cosa sería una verdadera bajeza,
una ignominia y una vergüenza peores que esta caída;
puesto que, por el destino, la fuerza de los dioses
y esta sustancia empírea no pueden perecer,
y puesto que con la experiencia de este gran suceso,
no peores en armas, y mucho más avanzados
en previsión, podemos resolver con mayor esperanza
librar, ya por la fuerza o la astucia, una guerra eterna,
irreconciliables con nuestro gran Enemigo,
que ahora triunfa y, en el éxtasis de la beatitud,
retiene, reinando en soledad, la tiranía del Cielo».

Así habló el ángel apóstata, aunque en dolor; ufano,
pero despedazado por una profunda desesperación;
y así respondiole de inmediato su osado compañero:
«¡Oh, príncipe, oh, jefe de tantos tronos, que llevaste
a la guerra a los serafines ordenados en batalla
bajo tu liderazgo, y que, impávido en situaciones
pavorosas, hiciste peligrar al perpetuo Rey del Cielo
y pusiste a prueba su encumbrada supremacía,
ya nacida de la fuerza, el azar o el destino!
Muy bien veo y maldigo el espantoso evento
que, con triste derrocamiento y dolorosa derrota,
nos hizo perder el Cielo y que a toda esta poderosa
hueste en horrible destrucción así aplastó,
tanto como los dioses y las esencias empíreas
pueden perecer, pues la mente y el espíritu
permanecen invencibles, y el vigor pronto retorna,
aunque toda nuestra gloria ha quedado extinta y el feliz
estado ha sido arrasado a una inextinguible miseria.

Pero ¿y si nuestro Conquistador (a quien ahora
de fuerzas creo Todopoderoso, pues no menos que así
pudo haber vencido un poder semejante al nuestro)
nos ha dejado intactos nuestro espíritu y nuestro vigor
sólo para que suframos y soportemos nuestros dolores,
de modo que podamos así satisfacer su vengativa ira,
o para que le prestemos servicios como esclavos
por derecho de guerra, según sus necesidades,
trabajando en el fuego aquí en el corazón del Infierno
o sirviéndole de mensajeros en este negro Abismo?
¿De qué podría servirnos sentir que nuestra fuerza
no ha disminuido, y que nuestra existencia es eterna,
si es únicamente para soportar un eterno castigo?».

A lo que con presurosas palabras el gran enemigo
respondió: «Querubín caído, ser débil es miserable,
ya obrando o sufriendo, pero de esto puedes estar
seguro: hacer algún bien nunca será nuestra tarea,
mas siempre hacer el mal nuestro único deleite,
actuando como la fuerza contraria a la alta voluntad
de Aquel a quien resistimos. Si entonces su providencia
busca de nuestra maldad engendrar el bien,
nuestra labor será pervertir ese fin y encontrar
en el bien medios que aún conduzcan al mal,
lo cual podremos lograr a menudo, de modo que acaso
lleguemos a afligirlo, si tenemos éxito, y a desviar
sus más profundos designios del fin al que se dirigían.
¡Mas ved!, el irritado Vencedor ha convocado
de nuevo a sus ministros de venganza y persecución
a las puertas del Cielo; la lluvia de granizo y azufre,
lanzada tras nosotros en tormenta, ha amainado,
allanando los ardientes oleajes que nos recibieron
al caer desde los precipicios celestes; y el trueno,
alado con rojos relámpagos e impetuosa furia,
parece haber agotado ya sus rayos y cesa ahora
de bramar a través de este vasto Abismo sin límites.
No dejemos escapar la ocasión, sea proporcionada
por el desdén o la furia saciada de nuestro Enemigo.
¿Puedes ver aquella tenebrosa llanura, abandonada
y olvidada, refugio de la desolación, vacía de toda luz
a no ser por la que el resplandor de estas lívidas llamas
arroja pálida y sombría? Hacia allí dirijámonos,
escapando del agitarse de estas ardientes olas;
allí descansemos, si algún descanso puede allí hallarse;
y, volviendo a reunir nuestros desahuciados poderes,
examinemos cómo podremos desde ahora atacar
a nuestro Enemigo, cómo reparar nuestras pérdidas,

cómo sobreponernos a esta funesta calamidad,
qué refuerzo podremos sacar de la esperanza,
o, si no, qué resolución de la desesperación».

Así habló Satán a su más próximo compañero,
elevando su cabeza por sobre las olas y con sus ojos
brillando; el resto de su cuerpo extendíase, enorme,
flotando en la marea, ocupando un gran espacio,
tan voluminoso como aquellos a quienes las leyendas
atribuyen una estatura monstruosa, los titanes
o hijos de la Tierra, que declararon la guerra a Júpiter;
o como Briareo, o Tifón, que tuvo su guarida
cerca de la antigua Tarso[3]; o como la bestia marina
Leviatán[4], que Dios hizo de entre todas sus creaciones
la más grande que nadara las corrientes oceánicas
y que, mientras duerme en las espumas noruegas,
a veces en la noche el piloto de alguna embarcación
confunde con una isla, según refieren los marinos,
y de ese modo, fijando el ancla a su escamosa piel,
permanece a su abrigo mientras las tinieblas
cubren el mar y la anhelada aurora se demora.
Así de enorme yacía extendido el gran demonio,
encadenado al ardiente lago; y jamás habría
salido de allí, ni levantado su cabeza, si no fuese
porque la voluntad y el alto permiso del Cielo
le permitieron llevar a cabo sus oscuros designios
a fin de que con sus reiterados crímenes pudiese
amontonar sobre sí mismo más condenación,
al buscar hacer el mal a otros, y, encolerizado,
pudiese ver cómo su malicia sólo servía para generar
infinitas bondad, gracia y misericordia, derramadas
sobre los hombres por él seducidos, y para suscitar
en él triples confusión, rabia y venganza frustrada.
De inmediato el arcángel caído eleva su gran estatura
sobre el lago; en cada una de sus manos, las llamas,
apartadas por él hacia atrás, inclinan sus aguzadas
puntas y, rodando como olas, abren un hórrido valle.
Entonces, desplegando sus alas, dirige su vuelo
hacia arriba, gravitando en el aire crepuscular,
que siente un inusual peso, hasta que baja a tierra,
si así puede llamarse un suelo que por siempre arde
con fuego sólido así como el lago con fuego líquido,
pues tal es su matiz, semejante al que puede verse
cuando violentos vientos subterráneos derriban

[3] El gigante Tifón moraba en una cueva de Cilicia, cerca de la ciudad de Tarso, Turquía.

[4] Monstruo marino gigante, presente en el Génesis bíblico, con características de dragón.

una colina del Peloro[5], o al de las destruidas laderas
del estruendoso monte Etna, cuyas combustibles
e inflamadas entrañas, concibiendo allí un fuego
sublimado por la furia mineral, impulsan los vientos
y dejan un terreno arrasado, todo cubierto de miasmas
y humo: tal el lugar de descanso que encontraron
las plantas de esos pies malditos. Tras él llegó
su segundo, ambos glorificándose por haber escapado
de la corriente estigia como dioses y por sus propios
medios, no por la tolerancia de un poder superior.

«¿Es esta la región, este el suelo, este el clima
—dijo entonces el arcángel caído—, este el lugar
que debemos cambiar por el Cielo, estas tristes
tinieblas por la luz celeste? Sea, puesto que Él,
que ahora es Soberano, puede disponer y decidir
lo que crea justo; cuanto más lejos de su presencia,
mejor, que, si no la razón, la fuerza lo ha hecho
el Supremo entre sus iguales. ¡Adiós, felices campos
donde la alegría por siempre mora! ¡Salve, horrores!
¡Salve, mundo infernal! ¡Y tú, oh, profundo Infierno,
recibe a tu nuevo posesor, uno que ostenta una mente
que no será cambiada por tiempo o lugar algunos,
pues la mente es su propio lugar y en ella misma puede
hacer un Cielo del Infierno y un Infierno del Cielo!
¿Qué importa dónde esté, si siempre seré el mismo
y lo que debo ser, todo aunque menos que Aquel
a quien el trueno ha hecho más grande? Aquí al menos
seremos libres: el Todopoderoso no ha construido
este sitio para envidiarlo y no nos querrá sacar de aquí;
en este lugar podremos reinar seguros, y, a mi parecer,
reinar es digno de ambición, aunque en el Infierno:
mejor reinar en el Infierno que servir en el Cielo.
Mas ¿por qué dejar, entonces, que nuestros leales
compañeros, los socios y copartícipes de nuestra caída,
queden así abatidos en la laguna del olvido? ¿Por qué
no llamarlos para que compartan con nosotros
esta desolada mansión, o para que, con renovadas
fuerzas, intentemos combatir por lo que aún pueda
ser recuperado en el Cielo o perdido en el Infierno?».

Así habló Satán, a lo que pronto respondiole Belcebú:
«¡Oh, líder de esos brillantes ejércitos que, salvo
el Omnipotente, nunca nadie podría haber vencido!:

[5] Región de Sicilia, una de las cuatro, junto al Paquino, el Lilibeo y el Etna, bajo las cuales quedó atrapado Tifón tras ser derrotado por Zeus (cfr. Ovidio, *Metamorfosis*, V, 346 y ss.).

si ellos vuelven a oír tu voz, la más segura prenda
de esperanza en sus temores y peligros, tan a menudo
oída en los peores trances y en el peligroso filo
de la encarnizada batalla, la más tranquilizadora señal
en todos los asaltos, cobrarán de inmediato un nuevo
valor y revivirán, aunque ahora yazcan postrados,
arrastrándose en aquel lago de fuego como nosotros
hasta hace un momento, aturdidos y pasmados,
lo cual nada tiene de raro tras tan abrumadora caída».

Apenas hubo terminado, ya el demonio superior
avanzaba hacia la orilla; llevaba su pesado escudo,
de etéreo temple, sólido, ancho y redondo,
echado hacia atrás, su amplia circunferencia
colgando de sus hombros como la luna, cuya orbe
el astrónomo[6] toscano observa al anochecer a través
de un vidrio óptico, desde la cumbre de Fiesole
o desde Valdarno, para descubrir nuevas tierras,
ríos y montañas en su manchada esfera;
su lanza, junto a la cual el más alto pino talado
en las colinas de Noruega para hacer el mástil
de algún gran navío no parecería más que una rama,
le servía de apoyo mientras sobre la ardiente marga
caminaba con inseguros pasos, muy diferentes
a aquellos en el Cielo, y mientras el ardiente clima,
bajo esa bóveda de fuego, infligíale nuevas heridas.
Sin embargo, sopórtalo todo hasta llegar a la orilla
de ese mar de llamas, donde se detiene para convocar
a sus legiones, formas de ángeles que yacen en trance,
amontonadas como las hojas de otoño que cubren
esos arroyos de Vallombrosa que sombras etruscas,
describiendo elevados arcos de follaje, cobijan;
o como los juncos que flotan cuando Orión, armado
con feroces vientos, azota las costas del mar Rojo,
cuyas olas derribaron a Busiris[7] y la caballería de Menfis
mientras perseguían con pérfido odio a los extranjeros
de Gosén, que contemplaron luego, desde la segura
orilla, sus cadáveres flotando junto con las ruedas
destrozadas de sus carros; así estas legiones yacían
y cubrían la superficie del lago, abyectas y perdidas,
bajo el asombro producido por su atroz cambio.

---

[6] Galileo Galilei (1564-1642), quien nació y murió en el Gran Ducado de Toscana.

[7] Mítico rey de Egipto, célebre por su tiránica crueldad. Milton usa su figura para referirse al faraón sin nombre del Éxodo, que fue arrastrado con su ejército por el mar Rojo tras el cruce de Moisés, hijo de Amram, y los fugitivos de Gosén, región del delta del Nilo.

Satán elevó tanto su voz, que toda la profundidad
del Infierno retumbó: «¡Principados, potestades,
guerreros, la flor del Cielo, una vez vuestro, ahora perdido!,
¿es posible que un estupor como este pueda apoderarse
de espíritus eternos? ¿O es que habéis escogido
este sitio, tras las fatigas de la batalla, para dar reposo
a vuestro extenuado valor, por lo fácil que encontráis
dormitar aquí, como en los azules valles del Cielo?
¿O, ya bien, es que habéis jurado en esta abyecta
postura adorar al Conquistador, que ahora contempla
a querubines y serafines revolcándose, con armas
y estandartes destrozados, en este lago, hasta que en breve
sus rápidos ministros divisen desde los portales
del Cielo la ventajosa ocasión y, descendiendo,
nos pisoteen al vernos así postrados o, con un haz
de rayos, en el fondo de este Abismo nos sepulten?
¡Despertad, levantaos, o quedad caídos para siempre!».

Todos oyéronle y, avergonzados, se incorporaron
sobre un ala, como centinelas que, descubiertos
durmiendo por aquel a quien temen, se ponen
de pie y se esfuerzan por verse bien despiertos.
Pese a que no habían dejado de percibir la horrible
situación en la que se hallaban ni de sentir crueles
tormentos, a la voz de su general pronto obedecieron,
innumerables, y, así como cuando la poderosa vara
del hijo de Amram, en un día funesto para Egipto,
describió un círculo por la costa y atrajo una negra
nube de langostas que, volando con el viento oriental,
sobre el reino del impío faraón se extendieron
como la noche, oscureciendo todas las tierras del Nilo,
así esos ángeles malditos, igual de incontables,
se cernieron con sus alas bajo la bóveda del Infierno,
en medio de las llamas superiores, inferiores
y circundantes, hasta que, a una señal de la lanza
de su gran jefe, que les indicaba el curso que debían
seguir, con un movimiento uniforme descendieron
sobre aquella tierra de azufre solidificado e inundaron
la llanura, una multitud como la que jamás vertiera
el populoso Norte de sus heladas tierras para atravesar
el Rin o el Danubio cuando sus bárbaros hijos,
como un diluvio, sobre el Sur cayeron, extendiéndose
más allá de Gibraltar, hasta las arenas de Libia.[8]

[...]

[8] Las incursiones vikingas asolaron el Mediterráneo y el norte africano entre los siglos IX y XI.

Acercáronse entonces a su líder, aunque con miradas
bajas y llorosas, si bien tales en las que se traslucía
un oscuro destello de alegría por no haber encontrado
a su jefe en la desesperación o a ellos mismos perdidos
en la total perdición; y Satán, cuyo rostro también
reflejaba ese doliente matiz, recobró su habitual orgullo
y, con altivas palabras que ostentaban la apariencia,
si no la realidad, de dignidad, poco a poco reavivó
el abatido valor de todos y sus temores disipó.
Inmediatamente ordenó que, al bélico clamor
de clarines y resonantes trompetas, su gran estandarte
fuese enarbolado; tan orgulloso honor fue reclamado
como derecho propio por Azazel[9], un elevado querube,
quien en seguida de una reluciente asta desplegó
la enseña imperial, la cual, alta frente a todos, comenzó
a brillar como un meteoro, agitándose en el viento,
ornada con gemas y dorados hilos que bordaban
motivos de armas y trofeos seráficos; mientras tanto,
el sonoro metal comenzó a soplar sonidos marciales,
a lo que la hueste universal respondió con un grito
que desgarró la concavidad del Infierno y, más allá,
llevó el espanto al reino del Caos y la antigua Noche.
Al instante pudieron verse, a través de las tinieblas,
diez mil banderas elevándose en el aire, ondeando
con crepusculares colores; y con ellas se alzó
un inmenso bosque de lanzas, y apiñados cascos
aparecieron, así como escudos en cerrada alineación
de inconmensurable profundidad. Avanzaron entonces
los guerreros en perfecta falange a los dóricos[10] sonidos
de flautas y oboes, sonidos como los que elevaban
a una altura del más noble temple a los antiguos héroes
armados para la batalla, y que, en lugar de cólera,
inspirábanles un valor prudente y firme, incapaz
de entregarse a una huida o una vergonzosa retirada,
sonidos que no carecían de poder para apaciguar
con solemnes acordes los pensamientos tumultuosos
y ahuyentar la angustia, la duda, el miedo, la tristeza
y el dolor ya de espíritus mortales o inmortales.
Así todos, animados por una misma fuerza y designio,
marcharon en silencio al dulce sonido de pífanos
que calmaban sus dolorosos pasos sobre el ardiente
suelo; finalmente se detuvieron, un hórrido frente
de terrible longitud, centelleante de lanzas y escudos,
espíritus semejantes a antiguos guerreros alineados

---

[9] Demonio originalmente asociado al rito hebreo del chivo expiatorio.

[10] Según Platón, el modo dórico inspiraba el valor marcial (cfr. *República*, Libro III, 399).

aguardando por la orden que su poderoso general tuviese para darles. Este pasea a través de las filas su experta mirada, pronto abarcando la totalidad del batallón, observando su correcta disposición, sus semblantes y estaturas de dioses, y calculando finalmente su número. Dilátase entonces su corazón con orgullo, y, confiando más en su poder, se gloria; pues, desde que fue creado, jamás vio el hombre una fuerza reunida que, comparada con esta, pudiese aspirar a mayor mérito que el de aquella pequeña infantería vencida por unas grullas;[11] ni aun uniendo a la gigantesca estirpe de Flegra[12] con la heroica raza que combatió en Tebas e Ilión, mezclada en ambos bandos con dioses auxiliares,[13] y con aquella otra celebrada en fábula y romance sobre el hijo de Uther, rodeado de caballeros bretones y armoricanos,[14] y con todos aquellos que después, infieles o bautizados, brillaron en las justas de Aspramonte, Montalbán, Damasco, Marruecos o Trebisonda,[15] o los que Bizerta envió desde la costa africana cuando Carlomagno, junto a sus pares, fue derrotado en las cercanías de Fuenterrabía.[16] Así de lejos de toda comparación con fuerza mortal se hallaban, obedientes, no obstante, a su terrible comandante; él, sobresaliendo orgulloso por sobre el resto en gesto y estatura, se elevaba como una torre; su figura aún no había perdido todo su esplendor original, y no parecía ser menos que un arcángel caído con un exceso de gloria ensombrecida, similar al sol naciente cuando se ve, a través del brumoso aire del horizonte, privado de sus rayos, o como cuando desde detrás de la luna, en sombrío eclipse, esparce un funesto crepúsculo sobre la mitad de las naciones y aterra a los monarcas infundiéndoles el temor de un cambio.[17] Así oscurecido, aún brillaba por sobre todos el arcángel; mas su rostro ostenta las profundas cicatrices del rayo, y la inquietud

---

[11] Alusión a los pigmeos mitológicos, que entraron en guerra con grullas y cigüeñas.

[12] Según diversas fuentes, los titanes habitaban en la ciudad macedónica de Flegra.

[13] En la guerra por el trono de Tebas participaron los pueblos helenos de argivos y tebanos, auxiliados en ambos lados por diversos dioses al igual que en la guerra de Troya, ciudad a la que los griegos daban el nombre de Ilión, de donde deriva el título de la *Ilíada*.

[14] Alusión al rey Arturo, hijo del rey Uther Pendragon, y los caballeros de la Mesa Redonda.

[15] Lugares famosos en los cantares de gesta y en el *Orlando furioso* de Ariosto (1474-1533).

[16] Alusión a la batalla de Roncesvalles, en la que, en el año 778, murió el legendario Roldán, sobrino de Carlomagno, si bien a manos de los vascones, no de soldados de Bizerta, Túnez.

[17] Era común la creencia de que los eclipses presagiaban revueltas y cambios de gobierno.

se aposenta en sus marchitas mejillas, si bien
bajo cejas de impávido valor y de un paciente orgullo
que anhela venganza; cruel su mirada, aunque arroja
signos de remordimiento y compasión al observar
a los compañeros de su negro crimen, o más bien
los seguidores, poco antes contemplados en la dicha,
condenados para siempre ahora a vivir en el dolor,
millones de espíritus por su culpa desterrados
del Cielo, lanzados lejos de los esplendores eternos
por su rebelión; mas leales aún estos le permanecen,
marchita su gloria, como robles o pinos de montaña
que, cuando el fuego del cielo les ha hurtado su verdor,
sostienen aún un tronco majestuoso, aunque desnudo,
sobre el abrasado páramo. Dispúsose entonces a hablar,
a lo que las filas de su batallón se cerraron de ala a ala,
formando un arco; la atención los mantenía mudos.
Tres veces intentó comenzar, y tres veces, a pesar
de su orgullo, lágrimas, lágrimas como las que los ángeles
lloran, irrumpieron; hasta que por fin palabras,
entretejidas con suspiros, lograron abrirse paso:

«¡Oh, miríadas de espíritus inmortales, oh, poderes
que sólo el Todopoderoso pudo igualar!; y ese combate
no careció de gloria, aunque haya resultado desastroso,
como lo pueden testificar este lugar y este atroz cambio
odioso de mencionar. Pero ¿qué facultad mental,
previendo o presagiando desde las profundidades
del conocimiento pasado o presente, podría haber
concebido que semejante fuerza unida de dioses
como esta pudiese conocer alguna vez la derrota?
¿Y quién podría ahora creer, aun tras la derrota,
que todas estas poderosas legiones, cuyo exilio
ha dejado vacío el Cielo, pueden dejar de levantarse
por sus medios para reconquistar su morada nativa?
En cuanto a mí, sea testigo toda la hueste celestial,
ni por consejos disuasivos ni por peligro alguno
que desee evitar he perdido las esperanzas. Mas Aquel
que reina como Monarca en el Cielo había permanecido
sentado seguro en su trono, sostenido por antigua
reputación, consenso o costumbre, y hacía ostentación
de su fausto real, mas nos ocultaba su fuerza,
lo que nos tentó a atacarlo y nuestra caída labró.
Ahora conocemos su poder y conocemos el nuestro,
como para no provocar una nueva guerra ni temer una
provocados nosotros; el mejor partido que nos queda
es el de realizar en secreto, mediante fraude o astucia,
lo que la fuerza no logró, de modo que Él finalmente

pueda aprender de nosotros que, quien vence por la fuerza, sólo ha vencido a su enemigo a medias. El espacio puede producir nuevos mundos; de allí surgió aquel rumor rápidamente extendido en lo alto de que, en no mucho tiempo, Él pretendía crear uno en el cual colocar una criatura a la que su mirada favorecería en igual medida que a los hijos del Cielo. Allí, aunque sólo sea para espiar, tendrá acaso lugar nuestra primera irrupción; allí o en cualquier otro lado, pues este pozo infernal nunca retendrá espíritus celestiales en cautiverio, ni este Abismo los envolverá mucho más bajo sus tinieblas. Pero estos pensamientos deben aún madurar en consejo. La paz es desesperada, pues ¿quién puede querer sumisión? ¡Guerra, entonces, guerra!; abierta u oculta es lo que debemos resolver».

Así habló; y, para confirmar sus palabras, las legiones agitaron en el aire millones de flamígeras espadas desenvainadas cuyo súbito fulgor iluminó todos los antros del Infierno, dirigieron gritos de rabia contra el Altísimo y golpearon ferozmente sus escudos con sus armas para producir el estruendo de la guerra y lanzar así un desafío hacia la bóveda del Cielo.

No muy lejos de allí elevábase una colina cuya terrible cima vomitaba fuego y espirales de humo; todo el resto resplandecía con brillantes vetas, indudable señal de que en su vientre se ocultaba una mena metálica, obra del azufre. Hacia allí entonces con veloces alas una numerosa brigada se apresuró, como un grupo de exploradores del ejército que, con picos y palas, se adelantan en el campo real para abrir trincheras o elevar terraplenes. Mammón[18] iba a la cabeza; Mammón, el menos elevado de los espíritus caídos de lo alto, pues aun allí sus miradas y pensamientos se dirigían siempre hacia abajo, admirando más las riquezas del pavimento del Cielo, enlosado con oro, que cualquier otra cosa divina o sagrada de las que allí se goza en beatífica visión. Fue por él instruidos que también los hombres comenzaron a saquear el centro terrestre y a con impías manos profanar las entrañas de su madre Tierra en busca de tesoros mejor ocultos. En breve hubo el grupo abierto en la colina una espaciosa herida y extraído de allí grandes venas de oro. Que nadie se admire

[18] Demonio asociado a las riquezas y la avaricia, otro de los príncipes del Infierno.

de que haya riquezas en el Infierno: ningún suelo
merece más ese precioso veneno; y que aquellos
que se vanaglorian de cosas mortales y con admiración
hablan de Babel y de las obras de los reyes de Menfis
aprendan cómo sus más grandes monumentos
de fama, fuerza y arte son fácilmente superados
por estos espíritus réprobos, que en una hora llevan
a cabo lo que ellos apenas concluyen en un siglo
con trabajos incesantes e innumerables brazos.
Al pie de la colina, en numerosos recipientes
bajo los cuales corrían venas de fuego líquido
que era drenado del lago, una segunda partida
fundía con un arte prodigioso el copioso mineral,
separando cada metal y purificando sus escorias.
Un tercer grupo de inmediato preparó en la tierra
diversos moldes y, con una intrincada canalización,
los llenó con la materia de los ardientes crisoles
así como, en un órgano, un soplo de viento surgido
del teclado se reparte entre las varias filas de tubos.
En muy poco tiempo, del suelo comenzó a elevarse,
como una exhalación, en medio del sonido de dulces
sinfonías y suaves coros, un imponente edificio,
similar a un templo, completamente rodeado
de pilastras y de pilares dóricos que sostenían
arquitrabes dorados, provisto de cornisas
y frisos labrados con recargadas esculturas,
y rematado por un fastuoso techo de oro cincelado.
Ni Babilonia ni El Cairo, con todas sus glorias,
llegaron a igualar semejante magnificencia
para rendir culto a sus dioses Bel y Serapis[19]
o para entronizar a sus reyes cuando Egipto y Asiria
rivalizaban en lujo y riquezas. La edificación alcanzó
finalmente su majestuosa altura, y las puertas,
abriendo sus hojas de bronce, permitieron ver
los amplios espacios interiores, de pisos lisos
y nivelados; de los abovedados techos pendían,
merced a un sutil artificio, numerosas hileras
de consteladas lámparas y brillantes fanales
que, alimentados con nafta y asfalto, derramaban
una luz similar a la de los cielos. La ansiosa multitud,
admirada, entró; y unos alababan la obra
y otros al arquitecto, cuya mano era conocida
en el Cielo por la construcción de muchas torres

[19] Bel o Baal es un epíteto que significa «señor» y que se aplicó a diversos dioses mesopotámicos, como en los casos de Baal-Zebub o Baal-Berith, si bien la referencia de Milton es a Marduk o Bel-Marduk, el principal dios de Babilonia. Serapis fue una deidad greco-egipcia.

en las que tenían su morada eminentes ángeles
a los que el Rey supremo había otorgado dignidades
principescas, confiándoles, según sus respectivas
jerarquías, el mando de las brillantes milicias.
Tampoco dejó su nombre de ser oído y adorado
en la antigua Grecia, y en las tierras ausonias[20]
recibió el nombre de Mulciber[21]; y se tejieron mitos
de cómo Júpiter, furioso, lo había arrojado del Cielo
por encima de las murallas de cristal: del amanecer
al mediodía había rodado, y del mediodía al anochecer,
todo un día de verano, y, a la hora del crepúsculo,
había caído desde el cénit, como una estrella fugaz,
en la isla egea de Lemnos. Así narraban los hombres,
equivocándose, pues él había caído mucho antes,
sin que de nada le sirviera haber construido altas
torres en el Cielo; ni tampoco lo ayudaron a escapar
sus artificios, sino que junto a su industriosa banda
fue precipitado de lo alto para edificar en el Infierno.

Mientras tanto, los alados heraldos, a una orden
del poder soberano, con trompetas y reverencial
ceremonia comenzaron a proclamar, de un extremo
a otro de las huestes, un concilio que de inmediato
se celebraría en el Pandemónium, la alta capital
de Satán y sus pares. Sus llamados convocaron,
de cada legión y cada escuadra de regimiento,
a los más dignos por rango o elección, que en el acto
acudieron, seguidos por tropas de cientos y miles;
atestáronse todos los accesos, todos los vastos atrios
y pórticos, pero principalmente el espacioso salón,
que semejó esos campos cerrados en que los audaces
campeones solían cabalgar armados, desafiando
ante el sultán a los mejores caballeros paganos
a singular combate a muerte o justa con lanza:
así se amontonó aquel enjambre tanto en el suelo
como en el aire agitado por sus alas. Como las abejas
que en primavera, cuando el sol cabalga por Tauro,
salen en nutridos y jóvenes grupos de su colmena
y comienzan a ir y venir entre el fresco rocío
y las flores, o que, posándose en la tersa madera,
el suburbio de su ciudadela construida con paja
y bañada en frescos aromas, bullen y deliberan

[20] Ausonia fue uno de los primeros nombres con los que se conoció la península italiana.

[21] Uno de los epítetos dados a Vulcano, dios romano del fuego y de la forja, equivalente al Hefesto griego, que según diversas fuentes quedó cojo tras ser arrojado del Olimpo por Zeus (cfr. Homero, *Ilíada*, Canto I, 584 y ss.).

sus asuntos de Estado, así se congregaba y apiñaba
allí aquella aérea hueste, hasta que, a una señal dada,
¡prodigiosa visión!, aquellos que recién parecían
sobrepasar en altura a los gigantes, hijos de la Tierra,
ahora en exiguo espacio se concentran innumerables,
más diminutos que enanos, como la raza de pigmeos
de allende la montaña india, o como los elfos y hadas
cuyas fiestas nocturnas en las lindes de un bosque
o de una fuente el campesino rezagado a veces ve
(o imagina ver), mientras en lo alto la luna observa
como muda espectadora, acercando a la tierra
su pálido curso, y ellos, entregados a sus danzas,
encantan con alegre música los oídos del labriego,
cuyo corazón late a un tiempo con dicha y espanto.
Así esos espíritus incorpóreos redujeron
a pequeñas formas sus inmensas figuras y colmaron,
aunque aún incontables, cómodamente el salón
de aquella corte infernal. Pero en un recinto
interior, y todavía en sus propias dimensiones,
los grandes señores seráficos y los querubines
se reunieron en retirado y secreto cónclave,
un concurrido concilio de un millar de semidioses
en sitiales de oro. Entonces, tras un breve silencio,
y leída la convocatoria, el gran consejo comenzó.

Libro II

En un trono de regia magnificencia, que sobrepasaba
en esplendor a todas las riquezas de Ormuz, la India
o cualquier país del suntuoso Oriente cuya rica mano
derramara perlas y oro sobre sus bárbaros reyes,
se sentaba majestuoso Satán, por sus méritos elevado
a esa funesta preeminencia. Y, pese a haber pasado
de la desesperación a tales honores, aspiraba a llegar
más alto aún, insaciable, continuando una vana guerra
contra el Cielo, por lo que, impermeable a enseñanza
alguna, así dio curso a sus orgullosos pensamientos:
«¡Potestades y dominaciones,[22] divinidades empíreas!,
pues, dado que ningún profundo Abismo puede retener
nuestro inmortal vigor, aunque caído y abatido ahora,
no doy el Cielo por perdido, y, tras este descenso,
las virtudes celestiales se verán, al ascender de nuevo,
más gloriosas y más temibles que tras ninguna caída,
confiando en sí sin el temor a una segunda catástrofe.

[22] Los coros angelicales se dividen tradicionalmente en nueve: querubines, serafines, tronos, dominaciones, virtudes, potestades, principados, arcángeles y ángeles.

Aunque sólo el derecho y las férreas leyes del Cielo
me hicieron en un principio vuestro líder, y más tarde
la libre elección, con todo cuanto, en el consejo
o la batalla, he adquirido de mérito, esta derrota
de la que ahora nos recuperamos me ha establecido
aún más en este seguro y nada envidiado trono,
cedido en unánime consenso. Un rango superior
en el Cielo, lo cual reporta dignidades, puede atraer
la envidia de todos los inferiores, mas ¿quién aquí
envidiará a aquel a quien su elevada posición expone,
más que a ninguno, a defender ante la mira del Tonante
nuestros bastiones y a soportar una mayor parte
de nuestro inmortal dolor? Donde no hay bien deseable
por el cual luchar, ninguna disputa puede originarse
entre facciones, pues, sin duda, nadie clamará aquí
por una posición más alta: nadie cuya actual porción
de tormento sea pequeña con ambicioso espíritu
codiciará más. Contando, pues, con esta ventaja
para una mayor unión, lealtad y firme concordia
de las que puede haber en el Cielo, nos reunimos
ahora para reclamar nuestra justa heredad arrebatada,
más seguros de prosperar que la misma prosperidad;
y por qué camino será mejor, si por la guerra abierta
o una encubierta astucia, es lo que debatiremos:
quien sea capaz de ofrecer consejo puede hablar».

Así terminó, y tras él Moloch[23], con su cetro real,
se puso de pie, el espíritu más fuerte y feroz
que combatiera en el Cielo, ahora más feroz aún
por la desesperación; había aspirado a ser considerado
igual de fuerzas con el Eterno, y, antes que ser menos,
prefería no ser en absoluto, por lo que había perdido
todos sus miedos: ni Dios, el Infierno o algo peor
le arredraban ya, por lo que así rompió a hablar:
«Mi dictamen es a favor de la guerra abierta;
de ardides, menos experto, no me jacto: que los tramen
quienes los precisen y cuando los precisen, no ahora.
Pues, mientras estén aquí sentados urdiéndolos,
¿deberá acaso el resto, los millones que, armados,
aguardan anhelantes la señal para volver a ascender,
esperar aquí, fugitivos del Cielo, y aceptar como morada
esta oscura e ignominiosa mazmorra de vergüenza,
la prisión de la tiranía de Aquel que todavía reina

[23] Dios cananeo al que se ofrendaban sacrificios humanos. Según el Antiguo Testamento, sus adoradores le rendían culto en el Tofet, lugar donde arrojaban niños a las llamas y que se volvió así un sinónimo de Infierno al igual que la Gehena, valle en el que se situaba.

merced a nuestra demora? No: elijamos, mejor,
abrirnos paso ya mismo, armados con los fuegos
y la furia del Infierno, por entre las altas torres del Cielo,
transformando estas torturas en terribles armas
contra nuestro Torturador; entonces podrá oír Él,
respondiendo al fragor de su rayo todopoderoso,
el trueno infernal, y, en lugar de relámpagos, verá
fuego negro y horror arrojados con idéntica rabia
contra sus ángeles, así como a su propio trono
envuelto en azufre tartáreo y extrañas llamas,
los tormentos creados por Él mismo. Pero quizás
demasiado difícil y peligroso les parezca a algunos
escalar con ascendente vuelo hacia un adversario
más alto: que recuerden ellos, si el soporífero trago
de ese lago del olvido no ha embotado sus mentes,
que nuestro movimiento natural es el ascenso
a nuestro hogar nativo, y que contrarios nos son
el descenso y la caída. ¿Quién acaso no sintió,
cuando el feroz enemigo perseguía insultante
a nuestra retaguardia y nos acosaba hacia el Abismo,
con cuán forzado y laborioso vuelo descendimos
hasta aquí abajo? El ascenso, pues, nos resultará fácil.
Temida es la empresa: si provocamos nuevamente
a Uno más poderoso, tal vez su cólera encuentre
un peor modo de destruirnos, si puede en el Infierno
temerse una destrucción mayor, pues ¿qué podría ser
peor que morar aquí, expulsados de la dicha celeste
y condenados a gemir en este aborrecido calabozo
en el que los dolores de un fuego inextinguible
nos atormentan sin esperanza alguna de fin,
vasallos de su furia, mientras su inexorable azote
y las horas de tortura nos empujan a la penitencia?
Para encontrar una destrucción peor que esta
deberíamos ser arrasados por completo y expirar.
¿Qué tememos, entonces? ¿Por qué dudamos atizar
su mayor ira?, la cual, encolerizada al máximo,
o nos consumirá totalmente, reduciendo
a la nada nuestra esencia, lo cual es mucho mejor
que, miserables, tener una existencia eterna,
o, si nuestra sustancia es en efecto divina
y no puede dejar de ser, no nos podrá conducir
a nada peor que esto; y, como prueba, sentimos
que nuestro poder es suficiente para perturbar
su Cielo y para, con perpetuas incursiones, llevar
alarma, aunque inaccesible, a su inevitable trono,
lo cual, si no la victoria, aun es venganza».

Terminó con ceño fruncido y miradas que sugerían
una venganza desesperada y una batalla imposible
para menos que dioses. En el lado opuesto incorporose
Belial[24], de maneras más graciosas y humanas:
jamás un ser más bello cayó del Cielo; parecía
para la dignidad y las grandes hazañas creado,
pero todo en él era falso y superficial. De su boca
llovía maná[25], y podía hacer que la peor razón
pasase por la mejor para enmarañar y desbaratar
los más maduros consejos, pues sus pensamientos
eran bajos; industrioso para el vicio, lento y timorato
para las acciones nobles, sabía cómo agradar al oído,
de modo que con persuasivos acentos así comenzó:
«Muy a favor de la guerra abierta estaría, oh, pares,
no quedándome atrás en odio, si lo recién expuesto
como principal razón para una guerra inmediata
no me disuadiese más de ello, pareciendo arrojar
ominosas proyecciones sobre toda la empresa,
cuando aquel que más sobresale en hechos de armas,
desconfiando de su consejo y de lo que mejor domina,
fundamenta todo su valor en la desesperación
y en una aniquilación completa, como únicos
objetivos claros, en pos de una funesta venganza.
Primero, ¿qué venganza? Las torres del Cielo están
guardadas por vigías que vuelven impracticable
todo acceso, y a menudo en las fronteras del Abismo
acampan sus legiones, o con oscuras alas exploran
de uno a otro extremo los dominios de la Noche,
anticipando toda sorpresa. Si acaso pudiésemos
abrirnos paso a la fuerza, y todo el Infierno ascendiese
con nosotros en negra insurrección para obliterar
la pura luz del Cielo, aun nuestro gran Enemigo,
incorruptible, permanecería sentado en su trono,
impoluto e inalterable, y la sustancia etérea,
por siempre inmaculada, pronto expulsaría de sí
todo nuestro daño y se purificaría del fuego inferior,
victoriosa. Así repelidos, nuestra única esperanza
sería una loca desesperación: debemos exasperar
al poderoso Vencedor para que desate toda su cólera,
y ese debería ser nuestro fin, nuestra ansiada cura:
dejar de ser. ¡Triste cura!, pues ¿quién desea perder,
aunque colmado de dolor, esta existencia intelectual,
estos pensamientos que vagan a través de la eternidad,
para en su lugar perecer y quedar sepultado y perdido

[24] Demonio bíblico que es considerado en ocasiones como otro de los príncipes del Averno.

[25] Alimento que, según el Éxodo, Dios hizo caer del cielo para salvar del hambre a los judíos.

en las entrañas de la Noche increada, desprovisto
de toda sensación y movimiento? ¿Y quién puede saber,
aun suponiendo que ello sea bueno, si nuestro furioso
Enemigo podrá concederlo, o si lo hará alguna vez?
Cómo podría, es dudoso; que nunca lo hará, es seguro.
¿Desatará Él, sabio como es, toda su ira a un tiempo,
arrastrado por incontinencia o ciega inadvertencia,
para conceder a sus enemigos su deseo y aniquilar
en su rabia a aquellos a quienes su misma rabia salva
para castigar perpetuamente? ¿Qué esperamos, pues?
Quienes aconsejan guerra dicen: "Estamos condenados,
reservados y destinados a un sufrimiento eterno;
hagamos lo que hagamos, ¿cuánto más podemos sufrir,
cuánto peor podemos sufrir?". ¿Es esto, pues, lo peor,
estar aquí sentados, así deliberando, así armados?
¿Qué hay de cuando huíamos desalados, perseguidos
por el flagelante rayo del Cielo, y suplicamos al hondo
Abismo que nos guareciese? Este Infierno nos pareció
entonces un buen refugio para nuestras heridas.
O cuando yacíamos encadenados en el lago ardiente:
eso sin duda fue peor. ¿Y si el aliento que encendió
esos terribles fuegos les insuflase una séptuple rabia
y nos hundiese entre las llamas, o si desde arriba
la ahora interrumpida venganza armase de nuevo
su roja mano derecha para acosarnos? ¿O si acaso
abriese todas sus cisternas y este firmamento
del Averno derramase sus cataratas de fuego,
esos latentes horrores que atrozmente amenazan
con caer algún día sobre nosotros, mientras estamos
aquí alentando o planeando una guerra gloriosa,
y, atrapándonos en ardientes tormentas, nos arrojase
sobre las rocas para entre ellas ser presa y recreo
de desgarradores torbellinos, o nos hundiese
bajo aquel hirviente océano, envueltos en cadenas,
para allí conversar con gemidos sempiternos,
despojados de todo respiro, todo alivio y toda piedad
por edades sin esperanza de fin? Eso sería peor.
Por ello, la guerra, ya abierta o encubierta, por igual
desaconsejo; pues ¿qué podrían la fuerza o la astucia
contra Él, o quién engañar su mente, cuyo ojo
lo abarca todo con una mirada? Desde el alto Cielo
ve Él ahora todos estos vanos movimientos y ríe,
no más todopoderoso para resistir nuestros embates
que sabio para frustrar todos nuestros planes y tretas.
¿Ha de vivir la raza del Cielo, pues, así de vilmente,
así pisoteada, así desterrada para aquí sufrir
estas cadenas y estos tormentos? Según mi consejo,

mejor estos que algo peor, puesto que un inevitable
destino y un decreto omnipotente nos someten
a la voluntad de nuestro Vencedor. Para obrar o sufrir,
nuestra fuerza es la misma, y no es injusta la ley
que así lo estableció; ya desde un principio resultaba
claro, si se examinaba con sensatez, lo que una lucha
contra un Enemigo tan grande podía acarrearnos.
Me río cuando aquellos que son audaces y osados
con la lanza, si esta les falla, se encogen y temen
lo que no ignoraban que había de seguir: enfrentar
el exilio, la ignominia, las cadenas o el tormento,
la sentencia de su Conquistador. Tal es ahora
nuestra condena; y, si la sufrimos y toleramos,
quizás con el tiempo nuestro supremo Enemigo
termine aplacando su rabia y, encontrándose tan lejos,
nos olvide si ya no volvemos a atacarlo, satisfecho
con el castigo infligido; entonces estos furiosos fuegos
acaso se extingan si su aliento no reaviva sus llamas.
Nuestra pura esencia vencerá entonces sus nocivos
vapores o, acostumbrada a ellos, dejará de sentirlos;
o bien, cambiando con el tiempo y adaptándose
a este lugar en disposición y naturaleza, con familiar
agrado y ya sin dolor alguno recibirá su feroz calor;
este horror se volverá apacible; esta oscuridad, luz;
y el interminable vuelo de los días futuros traerá
quizás esperanza, posibilidades y cambios dignos
de espera, ya que nuestra suerte actual puede pasar
por dichosa, aunque mala, pues peor podría volverse
si nos procuramos nosotros mismos mayor aflicción».

Así Belial, con palabras ataviadas con los ropajes
de la razón, aconsejó innoble ocio y pacífica molicie,
no paz, y tras él así comenzó a hablar Mammón:
«Lucharemos, si luchar es lo mejor, para destronar
al Rey del Cielo y para recuperar nuestros derechos
perdidos; mas sólo podremos abrigar esperanzas
de destronarlo cuando el eterno Destino se rinda
ante el inconstante Azar y el Caos dirima la contienda:
lo vano de esperar esto hace igual de vano esperar
lo otro, pues ¿qué lugar puede haber para nosotros
dentro de los confines del Cielo si no derrotamos
antes a su supremo Señor? Aun si se apiadase Él
y nos otorgase a todos su gracia bajo la promesa
de una nueva sumisión, ¿con qué rostro podríamos
permanecer humildes ante su presencia y aceptar
la imposición de estrictas leyes que nos obligasen
a celebrar su trono con armónicos himnos y a cantar,

en su honor, forzados aleluyas mientras altivo reposa
sobre nosotros, como nuestro envidiado Soberano,
y su altar exhala celestiales fragancias de flores,
nuestras serviles ofrendas? Tal sería en el Cielo
nuestra tarea, tal nuestro deleite: ¡cuán terrible
una eternidad entera dedicada a ofrecer alabanzas
a Aquel a quien odiamos! No persigamos, entonces,
algo imposible por la fuerza e inaceptable si obtenido
por mera concesión, un estado de espléndido
vasallaje, aunque en el Cielo, sino mejor busquemos
nuestro bien por nosotros mismos y vivamos
de lo nuestro, aunque en este vasto Abismo, libres,
sin a nadie tener que rendir cuentas, prefiriendo
una dura libertad antes que el muelle yugo
de la pompa servil. Nuestra grandeza se tornará
entonces más manifiesta cuando creemos
cosas grandes de las pequeñas, útiles de las dañosas,
prósperas de las adversas, y así, donde quiera que sea,
medremos en el mal y forjemos nuestro bienestar
a través del trabajo y la paciencia. ¿Acaso le tememos
a este profundo mundo de tinieblas? ¿Cuán a menudo
no eligió residir el omnipotente Señor del Cielo
entre densas y lóbregas nubes, incapaces de eclipsar
su gloria, envolviendo con la majestad de las sombras
su alto trono, de donde brotaban truenos que rugían
con rabia hasta que el Cielo se parecía a este Infierno?
Así como Él nuestras tinieblas, ¿no podemos nosotros
imitar su luz cuando nos plazca? Estos suelos desiertos
no carecen de ocultos tesoros, gemas y oro, ni de arte
y destreza con los cuales producir magnificencia
carecemos nosotros; ¿qué más puede el Cielo ofrecer?
Nuestros tormentos también acaso con el tiempo
se tornen nuestros elementos, estos punzantes fuegos
tan suaves como severos ahora, nuestra naturaleza
cambiada a su naturaleza, lo cual debería eliminar
la sensibilidad del dolor. Todas las cosas nos invitan
a resoluciones pacíficas, a establecer un duradero
estado de orden, a pensar en cómo podremos mejor
mitigar nuestros presentes males, tanto con respecto
a lo que fuimos como a lo que somos, y a desechar
todo pensamiento de guerra. Tal es mi consejo».

Apenas hubo terminado, se elevó en la asamblea
un murmullo como el que entre las grietas rocosas
producen los vientos que, tras haber encrespado
el mar toda la noche, con ronca cadencia arrullan
luego a los fatigados marineros cuya barca o pinaza,

pasada la tempestad, permanece anclada en una bahía
poblada de peñascos: tal el aplauso que se escuchó
cuando Mammón terminó, pues mucho había agradado
su discurso en favor de la paz a quienes temían más
arrostrar un nuevo campo de batalla que el Infierno,
¡tal pavor obraba aún en ellos el recuerdo del trueno
y de la espada de Miguel[26]!; y no menor era el deseo
de fundar ese imperio inferior que podría ascender,
mediante la disciplina y un largo proceso de tiempo,
en emulación opuesto al Cielo. Cuando percibió
esto Belcebú, la altura de cuyo sitial ningún otro
salvo el trono de Satán superaba, se puso de pie
con grave aspecto, y al incorporarse pareció
un pilar de Estado; llevaba profundamente grabadas
en su frente la deliberación y el cuidado público,
y la noble sabiduría refulgía aún en su semblante,
majestuoso aunque en ruinas; imponente se veía,
con atlánteos[27] hombros capaces de soportar sobre sí
el peso de las más poderosas monarquías, y su mirada
impuso una atención tan silenciosa como la noche
o un mediodía de verano cuando así comenzó a hablar:
«¡Tronos y potestades imperiales, progenie del Cielo,
virtudes etéreas!, ¿o debemos ahora renunciar
a tales títulos y, cambiando de estilo, adoptar el mote
de príncipes del Infierno?, pues a eso el voto popular
parece inclinarse: a permanecer aquí, a construir
un próspero imperio. Sin duda, mientras así soñamos,
estamos ignorando que el Rey del Cielo ha designado
a este sitio, nuestro calabozo, no como un refugio
a salvo de su poderoso brazo, para vivir exentos
de la alta jurisdicción del Cielo y unirnos en nueva
alianza contra su trono, sino para permanecer aquí
en el más estricto cautiverio, aunque tan alejados
de su inevitable yugo, y conformar sus numerosos
prisioneros de guerra. Pues Él, tenedlo por seguro,
en lo alto y lo profundo reinará el primero y el último,
único Rey, y no perderá parte alguna de su reino
por nuestra rebelión, sino que extenderá su imperio
sobre este Infierno y con un cetro de hierro nos regirá
a nosotros aquí como con uno de oro a los del Cielo.
¿Para qué proyectar, entonces, la paz o la guerra?
La inexorable guerra nos ha acarreado pérdidas
irreparables; términos de paz aún nadie ha buscado
o implorado, pues ¿qué paz nos sería concedida

[26] Nombre de uno de los arcángeles que lucharon contra los ángeles rebeldes.

[27] Adjetivo derivado de Atlas, titán condenado a cargar el mundo sobre sus hombros.

como esclavos más que una severa vigilancia,
azotes y la arbitraria imposición de castigos
eternos? ¿Y qué paz podríamos a ese Poder
devolver nosotros más que hostilidad y odio,
indómita animadversión y venganza, aunque lenta,
siempre conspirando para que el Conquistador pueda
sacar menos provecho de su conquista y regocijarse
menos al infligirnos todo esto que ahora sufrimos?
No faltará para ello ocasión, ni necesitaremos
invadir con arriesgada expedición el Cielo,
cuyas elevadas murallas no temen asalto, sitio
o emboscada del Averno. ¿Y si acaso encontramos
alguna empresa más accesible? Existe un lugar,
si aquel antiguo y profético rumor del Cielo
no se equivocaba, un mundo que sería la feliz morada
de una nueva raza llamada "humana", la cual estaba
por ser creada ahora, inferior a nosotros en poder
y excelencia, si bien más favorecida por Aquel
que reina en lo alto: así se pronunció su voluntad
entre los dioses, y un juramento que sacudió
toda la circunferencia de los cielos la confirmó.
Hacia allí dirijamos nuestros pensamientos,
para conocer qué criaturas lo habitan, de qué clase
y sustancia, cuán dotadas y con qué poderes,
cuáles sus debilidades, y cuánto más fácil tentarlas
por la fuerza o la sutileza. Aunque el Cielo esté vedado
y su eminente Soberano se encuentre tranquilo
en su fortaleza, este sitio puede yacer expuesto,
el último confín de su reino, abandonado
a la defensa de sus moradores; allí quizás
algún hecho ventajoso pueda ser alcanzado
mediante un ataque repentino, ya sea con el fuego
del Infierno arrasar toda su creación, o adueñarnos
de ella tras arrojar de allí a sus débiles habitantes
tal como lo fuimos nosotros, o, si no expulsarlos,
seducirlos a nuestro bando, de modo que su Dios
se vuelva su enemigo y, con arrepentida mano,
aniquile su propia obra. Esto superaría con creces
una venganza común, pues interrumpiría su placer
en nuestra maldición y reavivaría el nuestro
en su turbación al ver a sus amados hijos,
precipitados de lo alto para sufrir con nosotros,
maldecir a sus frágiles padres y su perdida felicidad,
perdida demasiado pronto. Ponderad si es más digno
intentar esto o permanecer aquí en la oscuridad
incubando vanos imperios».

Así defendió Belcebú
su diabólico consejo, concebido en primer lugar
por Satán y en parte por él propuesto de antemano,
pues ¿de quién si no del autor de todo mal podía
proceder una malicia tan profunda, condenar
desde su raíz al género humano y mezclar y confundir
la Tierra con el Infierno a fin de infligirle un daño
al gran Creador, daño que, sin embargo, sólo servirá
para aumentar su gloria? El audaz designio suscitó
enorme deleite entre esos dignatarios infernales
y el gozo brilló en todos los ojos; con acuerdo
unánime votaron, y así retomó la palabra Belcebú:
«Bien habéis juzgado y puesto fin a este largo debate,
sínodo de dioses, resolviendo cosas tan grandes
como vosotros mismos, cosas que de esta profundidad
nos llevarán una vez más a lo alto, a pesar del destino,
acercándonos a nuestra antigua morada, a la vista
de esos brillantes confines desde donde, con armas
vecinas y una oportuna excursión, acaso podamos
regresar al Cielo o bien hallar alguna región apacible
a la que llegue la luz del Empíreo para allí morar,
purificándonos de estas tinieblas en los brillantes
rayos del Este mientras el suave y delicioso aire,
para sanar las cicatrices de estos corrosivos fuegos,
sopla brisas balsámicas. Pero, antes que nada,
¿a quién enviaremos en busca de este nuevo mundo?
¿A quién hallaremos suficiente? ¿Quién tentará
con pasos errantes el negro e infinito Abismo
sin fondo y, atravesando la palpable oscuridad,
encontrará un camino jamás hollado o emprenderá
su vuelo aéreo, sostenido por infatigables alas,
sobre el vasto y abrupto precipicio hasta llegar
a esa feliz isla? ¿Qué fuerza, qué arte podrá entonces
bastar, qué evasión le permitirá pasar a salvo
entre los estrictos centinelas y las nutridas avanzadas
de ángeles? Necesitará entonces de toda su prudencia,
como nosotros ahora de todo nuestro discernimiento
en el sufragio, pues sobre aquel a quien enviemos
recaerá todo el peso de nuestra última esperanza».

Dicho esto, se sentó, y la expectación mantuvo
en suspenso su mirada, aguardando por quién
se atrevería a secundarlo, oponerse o emprender
la peligrosa tarea, pero todos permanecieron mudos,
sopesando los riesgos con profundas reflexiones
y leyendo, con asombro, en el rostro de los demás
su propio desaliento; no era posible hallar, ni aun

entre los más arrojados combatientes del Cielo,
ninguno tan resuelto como para proponerse o aceptar
en soledad la temible travesía; hasta que finalmente
Satán, a quien ahora una trascendente gloria elevaba
por sobre todos sus pares, con monárquico orgullo
consciente de su dignidad dijo impasiblemente:
«¡Oh, progenie del Cielo, tronos empíreos!, no sin razón
en profundo silencio y gravedad nos hemos sumido
todos, aunque imperturbables: largo y peligroso
es el trayecto que del Infierno conduce a la luz,
y fuerte nuestra prisión; esta vasta bóveda de terribles
y devoradoras llamas nos encierra rodeándonos
nueve veces, y puertas de ardiente diamante
reforzadas contra nosotros nos prohíben la salida.
Cruzadas estas, si alguien las cruza, el profundo vacío
de la Noche sin esencia lo recibe a continuación,
con abiertas fauces, y lo amenaza con la completa
aniquilación de su ser si se aventura en esa sima
abortiva. Si de allí logra escapar hacia algún mundo
o región ignorada, ¿qué le quedan sino peligros
desconocidos y nuevos escapes igual de difíciles?
Pero mal merecería yo este trono, oh, pares,
y esta imperial soberanía adornada con esplendor
y armada con poder si algo propuesto y juzgado
de importancia pública pudiese, bajo la forma
de dificultades o peligros, disuadirme del intento.
¿Por qué asumiría todos estos boatos reales,
y no me negaría a regiros, si me negase a aceptar
una porción tan grande de riesgo como de honor,
debidos ambos por igual a aquel que reina,
aunque mucho más el riesgo, puesto que él
por sobre todos entre altos honores se sienta?
Partid, pues, ¡oh, grandes poderes, terror del Cielo,
aunque caídos!, y buscad en nuestra morada,
en tanto nuestra morada esta sea, qué puede
aliviar mejor la presente miseria y volver al Infierno
más tolerable, o qué cura o hechizo puede hallarse
capaz de engañar, mitigar o dar respiro al cruel dolor
de esta funesta mansión. Y no bajéis la guardia
contra un enemigo que siempre vigila, mientras yo,
lejos a través de confines de oscura destrucción,
busco la liberación para todos. Nadie vendrá
conmigo en esta empresa».

Diciendo así se puso de pie
el monarca, e impidió de ese modo toda réplica,
prudente, no fuese que otros entre los principales,

animados por su resolución, se ofrecieran ahora,
seguros de ser rechazados, para realizar aquello
que antes temían y pudiesen así rivalizar con él
ante los demás, ganando barata la alta reputación
que él a través de enormes peligros debía obtener.
Pero ellos no temían más la aventura que su voz
intimidante, por lo que tras él se levantaron todos
de inmediato, produciendo un sonido similar
al de un trueno oído en la distancia. Ante él
se inclinaron con gran reverencia, y como a un dios
lo ensalzaron, tal como antes al Altísimo en el Cielo;
no dejaron tampoco de expresar cuánto alababan
que por la seguridad general despreciase él la propia,
pues ni aun los espíritus condenados pierden toda
su virtud, no vayan los mortales malvados a jactarse
de esas engañosas acciones terrenas que la gloria
incita o que con el barniz del celo cubre la ambición.
Así terminaron sus turbias y funestas deliberaciones
regocijándose por su inigualable comandante,
tal como, cuando tenebrosas nubes ascienden
desde las montañas, mientras el viento norte duerme,
hasta cubrir el alegre rostro del cielo y, ceñudas,
derraman sobre el oscurecido paisaje nieve o lluvia,
si por azar el sol radiante con un dulce adiós
extiende un rayo crepuscular los campos reviven,
las aves renuevan sus notas y, balando, los rebaños
expresan su alegría a través de colinas y valles.

[...]

Una vez terminado aquel consejo estigio, en orden
salieron del recinto los grandes pares infernales;
en medio de ellos avanzaba su poderoso principal,
y parecía él solo el antagonista del Cielo, no menos
que el temible emperador del Infierno, con su fausto
supremo y su simulada apostura divina; en torno de él
al punto cerrose un círculo de gallardos serafines
con brillantes estandartes y poderosas armas,
quienes comenzaron a anunciar con el sonido
de trompetas reales el resultado de la gran sesión;
hacia los cuatro vientos, cuatro diligentes querubes
hicieron sonar con sus bocas los metales, explicados
por las voces de los heraldos; el profundo Abismo
los oyó a grandes distancias, y toda la hueste infernal,
con un grito ensordecedor, aclamó la decisión.

Con sus mentes ya más tranquilas, y algo reanimados
por falsas y presuntuosas esperanzas, disolviéronse
los formados batallones, y cada ángel errante tomó
un camino diferente, guiado por sus inclinaciones
o una triste elección, hacia donde mejor podría hallar
tregua para sus agitados pensamientos y entretener
las tediosas horas hasta que su gran jefe regresase.
Parte de ellos, en la llanura o en los aires sublimes,
sobre sus alas o en veloces carreras compiten,
como en los juegos olímpicos o los campos píticos;[28]
otros refrenan briosos corceles, o esquivan vallas
con rápidas ruedas, o forman frentes de escuadrones,
como cuando, para advertir a ciudades orgullosas,
ejércitos aparecen en los turbados cielos para librar
una guerra en las nubes y las enfrentadas vanguardias
de caballeros aéreos avanzan con sus lanzas en ristre
hasta que las legiones se confunden y de un extremo
al otro el firmamento arde con hechos de armas.[29]
Otros más feroces, con una rabia similar a la de Tifón,
arrancan rocas y colinas, cabalgan sobre torbellinos
por el aire y apenas puede el Infierno contener
su salvaje tumulto, como cuando Alcides[30], al regresar
de Ecalia coronado por la conquista, sintió la túnica
envenenada y, transido de dolor, arrancó de raíz
los pinos de Tesalia y arrojó a Licas desde la cumbre
del Eta al mar de Eubea. Otros de ánimo más sereno
se retiran a algún silencioso valle para entonar,
acompañándose con arpas de notas angelicales,
sus propios hechos heroicos y su caída ocasionada
por la fortuna de la batalla, deplorando que el destino
someta el valor independiente a la fuerza o el azar;
parciales son sus cantos, pero la armonía suspende
a todo el Infierno y arroba a la congregada audiencia,
pues ¿qué menos puede esperarse siendo espíritus
inmortales los que cantan? Con discursos más dulces,
pues la elocuencia hechiza el alma como la música
los sentidos, siéntanse otros aparte en alguna colina,
sumidos en pensamientos más elevados, y razonan

[28] Los juegos olímpicos, en honor a Zeus, tenían lugar en el santuario de Olimpia, mientras que los juegos píticos, consagrados a Apolo Pitio, se realizaban en el santuario de Delfos.

[29] Tal como sucedía con el mito folklórico europeo de la cacería salvaje de Odín, era común en el pasado la crónica de avistamientos de ejércitos y batallas en el cielo.

[30] Nombre original de Heracles o Hércules. Tras la conquista de Ecalia, su mujer Deyanira le envió por medio de su sirviente Licas una túnica teñida con la sangre del centauro Neso, que en lugar de un filtro amoroso, como le había prometido el centauro, resultó ser un urente veneno que quemó la piel del héroe (cfr. Ovidio, *Metamorfosis*, IX, 98 y ss.).

sobre la providencia, la voluntad, el sino, el destino
inmutable, el libre albedrío, la presciencia absoluta,
y no encuentran fin, perdidos en tortuosos laberintos;
y entonces arguyen largo rato sobre el bien y el mal,
sobre la felicidad y la miseria final, sobre la pasión
y la apatía, sobre la gloria y la vergüenza, toda vana
sabiduría y falsa filosofía, pero que, sin embargo,
con una agradable magia puede hacer olvidar
el dolor o la angustia por un momento, excitando
una falaz esperanza, o armar al endurecido corazón
con una firme paciencia cual si fuese con triple acero.
Otros, formando escuadrones y numerosas compañías,
parten en audaces exploraciones para descubrir
si en ese lúgubre mundo existe por azar un clima
que pueda ofrecerles una más soportable morada;
cuatro caminos toma su alada marcha, siguiendo
los cursos de los cuatro ríos infernales que vierten
sus funestas corrientes en el ardiente lago:
el abominable Estigio, río del odio mortal;
el triste Aqueronte de aflicciones, negro y profundo;
el Cócito[31], llamado así por los grandes lamentos
que se oyen en sus lúgubres ondas; y el Flegetonte,
cuyas olas de fuego torrencial inflámanse con furia.
Lejos de estos, una lenta y silenciosa corriente,
la del Leteo, río del olvido, recorre su laberinto
de aguas, de las que quien bebe olvida de inmediato
su anterior estado y su existencia, tanto la alegría
como la tristeza, tanto el placer como el dolor.
Más allá de este río se extiende, sombrío y desolado,
un continente de hielo, azotado por perpetuas tormentas
de huracanes y por un horrendo granizo que en tierra
no se derrite, sino que se amontona hasta semejar
un mundo de ruinas; todo lo demás es nieve y hielo,
un golfo profundo como el del pantano serbonio[32],
situado entre Damieta y el viejo monte Casio,
en el cual ejércitos enteros se hundieron; donde un aire
abrasador arde helado y el frío quema como el fuego.
Hacia allí las furias de garras de harpía arrastran,
cada cierto lapso de tiempo, a todos los condenados,
que entonces sienten por turnos el amargo cambio
de violentos extremos, peores aún por el contraste:

[31] El Cócito o Cocito (río de los lamentos) era otro de los cinco ríos del Hades, aquel cuyas aguas eran alimentadas por las lágrimas de los condenados.

[32] Según diversas fuentes, la superficie del lago Serbonis, situado en el norte de Egipto, se cubría a menudo de arena y semejaba tierra firme, por lo que muchos ejércitos célebres desaparecieron, tragados por las aguas, al intentar cruzarlo.

de lechos de rabiosas llamas a extinguir en el hielo
su suave calor etéreo y a sufrir allí inmóviles, fijos,
totalmente congelados, durante largos períodos,
y entonces de allí nuevamente precipitados al fuego.
Cruzan así el estrecho del Leteo de uno al otro lado,
mas sólo para aumentar sus pesares, pues desean
y esfuérzanse por alcanzar, mientras por allí pasan,
sus tentadoras aguas para con una pequeña gota
perder en un dulce olvido todo su dolor y aflicción,
todo en un instante, tan cercanos a la corriente;
pero el destino los aparta de ella y, para impedir
sus intentos, Medusa guarda, con gorgóneo terror,
el vado, y el agua huye por sí misma del paladar
de toda criatura viviente, como eternamente lo hace
de los labios de Tántalo. Así, errando a la deriva
en su desesperada marcha, las huestes exploradoras,
temblorosas, pálidas de terror y con horrorizados ojos,
contemplaron por primera vez su miserable destino
y no hallaron reposo; erraron a través de lúgubres
y sombríos valles y de muchas regiones dolorosas,
por sobre muchos Alpes de hielo y Alpes de fuego,
rocas, cuevas, lagos, pantanos, grutas y umbrías,
todo un universo de muerte que Dios, en su maldición,
creó malvado, y bueno únicamente para el mal;
donde toda vida muere, toda muerte vive y la perversa
Naturaleza engendra cosas monstruosas, prodigiosas,
abominables, inefables, peores que todas aquellas
que las fábulas han hasta ahora inventado o el miedo
concebido, gorgonas, hidras y quimeras espantosas.[33]

Mientras tanto, el adversario de Dios y del hombre,
Satán, con la mente inflamada por grandes designios
bate sus veloces alas y, en busca de las puertas,
explora los confines del Infierno en solitario vuelo.

[...]

Finalmente, sus oídos son asaltados por un salvaje
alboroto universal de imponentes voces y sonidos
que, confundidos, viajan a través del oscuro vacío
con atronadora vehemencia; hacía allí se dirige,
impávido, para descubrir qué clase de poderes
o espíritus del profundo Abismo pueden ser
la causa de ese ruido y preguntarles qué dirección

[33] La Quimera era un monstruo híbrido, mezcla de varios animales que varían según las diversas fuentes y tradiciones. Para la Hidra de Lerna, ver la nota 6 de la página 33.

debe seguir para encontrar el límite más cercano
entre la oscuridad y la luz. Entonces ve el trono
del Caos, así como su oscuro pabellón extendido
a lo largo del desolado Abismo; entronizada
junto a él se sienta la negra Noche, la más antigua
de las criaturas, consorte de su reino, y en torno
a ellos se hallan Orco, Hades y el temible nombre
de Demogorgon[34]; les siguen el Rumor, el Azar,
el Tumulto y la Confusión, todos enmarañados,
y la espantosa Discordancia de un millar de bocas.
Dirigiéndose audazmente a ellos, así dijo Satán:
«¡Poderes y espíritus de este profundo Abismo,
Caos y antigua Noche!, no vengo aquí como espía,
con el propósito de explorar o profanar los secretos
de vuestros reinos, sino que me veo forzado
a errar por esta negra desolación pues mi camino
hacia la luz atraviesa vuestros vastos imperios.
Solo, sin guía y en parte extraviado estoy buscando
la ruta más corta a donde vuestros oscuros límites
lindan con el Cielo; o, si acaso algún otro lugar
de vuestros dominios os ha sido recientemente
arrebatado por el Rey etéreo, hacia allí me dirijo
a través de estas profundidades. Dirigid mi curso,
pues, si lo hacéis, no poca recompensa os traerá
en vuestro beneficio: si alcanzo esa región perdida,
expulsaré de ella toda usurpación, la devolveré
a su oscuridad primigenia y a vuestro imperio,
objeto de mi presente viaje, y una vez más
erigiré allí el estandarte de la antigua Noche:
vuestra será toda la ganancia, mía la venganza».

Así terminó Satán, y así a él la vieja Anarquía[35],
con voz entrecortada y rostro descompuesto,
respondió: «Te conozco, extraño, sé quién eres:
ese poderoso líder angélico que recientemente
desafió al Rey del Cielo, aunque luego abatido.
Todo vi y oí, pues una hueste tan numerosa
no huye en silencio a través del aterrado Abismo
con ruina sobre ruina, derrota sobre derrota
y maldición sobre maldición, y las puertas del Cielo
derramaron por miríadas a sus tropas victoriosas
en persecución. Yo aquí entre mis fronteras
mantengo residencia, y haré todo lo que pidas
si sirve para defender lo poco que nos queda,

[34] Oscura deidad considerada a veces un demonio y otras un demiurgo o dios primordial.

[35] Milton utiliza este nombre alternativo para referirse nuevamente al Caos.

invadidos por tumultos intestinos que debilitan
el cetro de la antigua Noche: primero el Infierno,
vuestro calabozo, extendiéndose por debajo;
y ahora la Tierra, ese nuevo mundo, pendiendo
sobre mis reinos unida con una cadena de oro
a ese sector del Cielo del que tus legiones cayeron.
Si ese es el destino de tu viaje, no te encuentras lejos
y el peligro ha quedado atrás. Apresúrate hacia allí:
el caos, la confusión y la ruina serán mi recompensa».

Así terminó, y Satán no se quedó para responder,
sino que, feliz de avistar una costa para su mar,
con reavivado entusiasmo y fuerzas renovadas
se lanzó hacia arriba como una pirámide de fuego
a través de la salvaje expansión y, eludiendo el choque
de los elementos en guerra, puso inmediata dirección
hacia el esférico objetivo de su funesto periplo.

[...]

Libro IV

¡Oh, si tan sólo aquella voz de advertencia que aquel
que presenció el Apocalipsis[36] escuchó en el cielo
cuando el Dragón, antes de su segunda derrota,
descendió furioso para vengarse en los hombres,
«¡Ay de los moradores de la tierra!», a tiempo hubiese
en ese instante advertido a nuestros grandes padres
de la llegada de su secreto enemigo para que acaso
pudiesen escapar y evitar así su trampa mortal!
Pues entonces, inflamado con rabia, Satán descendió,
el tentador antes que el acusador del género humano,
para vengar en el frágil e inocente hombre su derrota
en aquella primera batalla y su huida al Infierno;
mas no apresurándose exultante, aunque audaz,
distante y temerario, ni con motivo de jactancia
se lanzó a la terrible acción, sino que a punto
de iniciarla giró vacilante, con el pecho sacudido,
y como un diabólico cañón al ser disparado retrocedió
sobre sí mismo; el horror y la duda distrajeron
sus turbados pensamientos, y desde el fondo se agitó
el Infierno dentro de él, pues dentro de él un Infierno
llevaba, y todo a su alrededor, sin del Infierno poder

[36] Alusión a Juan, autor del Apocalipsis bíblico, y el siguiente pasaje: «Y entonces oí una gran voz en el cielo que decía: "[...] ¡Ay de los moradores de la tierra y el mar!, pues el Diablo ha descendido a vosotros con terrible ira"» (cfr. Apocalipsis, 12, vers. 10-12).

alejarse siquiera un paso más que de sí mismo
al cambiar de lugar. La conciencia despertó entonces
su aletargada desesperación y las amargas memorias
de lo que había sido, lo que era y lo peor que aún
debía ser; pues, a peores actos, peores sufrimientos
deben seguir. A veces en el Edén, que ante su vista
yacía agradable, clavaba con dolor su triste mirada,
a veces en el cielo y en el resplandeciente sol,
que reposaba entonces en su alta torre meridiana,
y, pensativo, así entre suspiros rompió a decir:
«¡Oh, tú que, coronado con superlativa gloria,
miras abajo desde tu solitario dominio como el dios
de este nuevo mundo, y a cuya vista las estrellas
sus disminuidas cabezas ocultan!, a ti te hablo,
pero no con una voz amistosa, y añado tu nombre,
¡oh, sol!, para decirte cuánto aborrezco tus rayos,
que recuerdan a mi memoria de qué estado caí
y cuán glorioso otrora fui por encima de tu esfera,
hasta que el orgullo y la ambición me derribaron
tras luchar en el Cielo contra su invencible Rey.
¡Ah!, ¿y por que? No merecía Él tal ingratitud de mí,
a quien había Él creado tal como era entonces
en mi brillante eminencia, sin escatimar ninguno
de sus bienes; ni tampoco era duro su servicio.
¿Qué menos podía hacer que ofrecerle alabanzas,
la más simple recompensa, y darle las gracias?
¡Cuán merecidas! Mas todo su bien se tornó mal en mí
y no engendró sino malicia; elevado a tal altura,
desdeñé el sometimiento y pensé que un escalón más
me ubicaría primero, por lo que en un instante
abandoné mi inmensa deuda de infinita gratitud,
pesada carga, siempre pagando, siempre debiendo,
olvidando que aún seguía recibiendo cosas de Él
y sin comprender que una mente agradecida
al deber ya no debe sino que paga, a un tiempo
endeudada y saldada. ¿Cuál carga, entonces?
¡Oh, si el poderoso Destino hubiese hecho de mí
algún ángel inferior, entonces habría permanecido
feliz y ninguna esperanza desmedida habría avivado
mi ambición! Mas ¿por qué no? Quizás otro poder
podría haber aspirado a lo mismo, arrastrándome
a su facción; sin embargo, muchos igual de grandes
no cayeron, sino que se mantuvieron inalterables
por dentro y fuera, indiferentes a toda tentación.
¿Tuviste el libre albedrío y el poder para resistirte?
Lo tuviste. ¿A quién o qué puedes entonces acusar
más que al amor del Cielo entre todos repartido?

¡Maldito sea entonces su amor, ya que amor u odio,
idénticos para mí, no traen sino eterna aflicción!
¡Y maldito seas tú, puesto que contra su voluntad
eligió libre la tuya esta justicia que ahora deploras!
¡Ah, miserable de mí! ¿Qué dirección seguiré,
la de una infinita rabia y una infinita desesperación?
Donde voy es el Infierno; yo mismo soy el Infierno;
y en lo más profundo una profundidad aún mayor
se abre ampliamente, amenazando con devorarme,
ante la cual el Infierno que sufro parece un Cielo.
¡Oh, cede de una vez, entonces! ¿No queda acaso lugar
para el arrepentimiento, ninguno para el perdón?
No, ninguno salvo la sumisión, y esa palabra me está
vedada por el desdén y el temor a la vergüenza
entre los espíritus de abajo a los que seduje
con promesas e infatuaciones muy alejadas
de una rendición, jactándome de que podría someter
al Omnipotente. ¡Ay de mí!, poco imaginan ellos
cuán caros pago ahora esos vanos alardeos
y bajo qué tormentos gimo en mi interior;
mientras me adoran en el trono del Infierno,
con cetro y diadema elevado por encima de todos,
más bajo que ninguno de ellos he caído, sólo supremo
en la miseria: tal recompensa encuentra la ambición.
Pero supongamos que puedo arrepentirme y obtener
por un acto de gracia mi antiguo estado: muy pronto
la grandeza reviviría grandes ideas, retractándose
de lo que una fingida sumisión juró, y el alivio repudiaría,
por violentos y vacíos, votos arrancados en el dolor,
pues la verdadera reconciliación no puede crecer allí
donde un odio mortal ha labrado profundas heridas,
lo cual me llevaría a recaer en una peor sublevación
y una caída aún mayor, de modo que sólo compraría
un breve reposo al precio de un segundo golpe.
Bien sabe esto mi Verdugo, por lo que tan lejos
está Él de conceder como yo de suplicar la paz.
Excluida así toda esperanza para nosotros, parias
y exiliados, contemplaré en cambio su nuevo deleite,
el hombre recién creado y este mundo hecho para él.
¡Adiós, esperanza, y, con la esperanza, adiós miedo,
adiós remordimiento: todo bien está perdido para mí!
¡Maldad, sé tú mi bien! ¡Por ti al menos tengo ahora
en mi poder un imperio dividido con el Rey del Cielo,
y aun quizás llegue a reinar sobre más de la mitad,
como pronto el hombre y este nuevo mundo sabrán!».

[...]

Thomas Parnell

Nocturno sobre la muerte

A la vacilante lumbre azul de la candela,
ya no pasaré mis extensas noches de vigilia
empeñado en leer con interminable vista
las palabras de los académicos y eruditos:
sus libros se alejan demasiado de la sabiduría
o, como mucho, señalan el camino más largo.
Buscaré, en cambio, una senda más directa
e iré a donde la mayor sabiduría se enseña.

¡Cuán oscuro es el azul que tiñe ese cielo
en el que yacen innúmeras esferas doradas
por entre cuyas filas, en plateado orgullo,
un bajo cuarto creciente parece deslizarse!
La adormilada brisa se olvida de soplar
y claro y tranquilo descansa el lago debajo,
donde nuevamente la constelada visión
desciende para asaltar nuestra mirada.
El terreno, que por la derecha asciende,
en la penumbra se desvanece de la vista;
la izquierda presenta un sitio de tumbas
cuyo muro es bañado por aguas silentes.
Un campanario guía a los ojos dubitativos
entre los lívidos resplandores de la noche.
Caminando allí con paso melancólico,
entre los solemnes túmulos del destino,
uno piensa, mientras pisa suavemente
sobre los venerables restos mortuorios:
«Un tiempo hubo en que como tú vivieron,
y un tiempo habrá en que tú descansarás».

Esas tumbas que, bajo los sauces llorones,
sin nombre salpican un terreno irregular
rápidamente revelan al atento pensamiento
dónde descansan la Pobreza y el Esfuerzo.

Las pulidas lápidas que ostentan un nombre
que el delgado cincel ayudó a preservar
(para que, antes de seguirlos a la tumba,
sus deudos pudiesen a menudo visitarlos)
señalan una raza intermedia de mortales,
hombres ambiciosos mas desconocidos.

Y los sepulcros de mármol que cobijan
a sus muertos bajo altos arcos abovedados,
y cuyos pilares lucen piedras esculpidas
de armas, ángeles, huesos y epitafios,
los pobres restos de una antigua dignidad,
adornan a los ricos o alaban a los grandes,
quienes, aunque famosos cuando vivieron,
ignoran ahora la fama que los ha sucedido.

¡Ja! Mientras miro, la pálida Cintia se oculta,
la tierra se abre y las sombras se revelan.
Lentas, pálidas y envueltas en mortajas,
se levantan en fantasmales multitudes
y, con severos acentos, al unísono exclaman:
«¡Piensa, mortal, en lo que es morir!».

Ahora de aquel negro y fúnebre tejo
que baña el viejo osario con su rocío
siento que brota una espeluznante voz
(¡oh, cuervos, acallad vuestros graznidos!,
¡oh, campana, no hagáis sonar la hora
sobre el lago y la tierra en penumbra!)
y con roncos y huecos gemidos resuena
hablando de este modo entre los huesos:

«Cuando los hombres me dan mi guadaña,
¡cuán gran Rey de los Terrores me vuelvo!
Me ven como el final de todas las cosas
y me otorgan, y luego temen, mis dardos.
¡Insensatos! Si no azuzaran sus miedos,
ya no me verían con esa forma de espectro.
La muerte no es más que un camino
que el hombre debe pisar para llegar a Dios;
un puerto de alivio, un tranquilo remanso
tras la áspera rabia de mares encrespados.

»¿Por qué, entonces, las estolas de ébano,
los colgantes de ciprés, las enseñas de luto,
los tules que se arrastran por la hierba,
las largas procesiones, los caballos cubiertos,
los coches fúnebres y los negros penachos
que se inclinan ante los blasones del muerto?

»Ni el cuerpo ya difunto puede conocer,
ni el alma querer, esas formas de aflicción.
Como hombres que, encerrados en prisión
en celdas iluminadas con velas mortecinas,
cuando sus años de sufrimiento terminan
corren a disfrutar de nuevo el brillo del sol,
similar alegría, aunque más trascendente,
experimentan las almas piadosas al partir.
En la tierra, aprisionadas en sus cuerpos,
unos pocos años de males atraviesan;
mas, cuando se despojan de sus cadenas,
ven la feliz escena que ante ellas se despliega,
baten sus alegres alas, vuelan hacia arriba
y se mezclan con el glorioso esplendor del día».

Edward Young

Pensamientos nocturnos

(EXTRACTOS)

¡Suave restaurador de la fatigada Naturaleza, dulce Sueño!
Él, al igual que todo el mundo, acude puntualmente
a donde sonríe la Fortuna, abandonando a los miserables
y huyendo veloz de la aflicción, con sus mullidas plumas,
para posarse en los párpados inmaculados de lágrimas.

De un exiguo (como es habitual) e intranquilo reposo
despierto: ¡cuán felices aquellos que no despiertan más!
Mas de nada me serviría si sueños infestasen la tumba.
Despierto tras emerger de un tumultuoso mar de sueños
por el que, naufragando, mi desesperado pensamiento,
yendo de ola en ola de onírica miseria, al azar navegó
hasta hundirse, habiendo perdido el timón de la razón.
Aunque ahora restaurado, es sólo un cambio de dolor,
un amargo cambio de uno severo por otro más severo.
El día es demasiado corto para mis padecimientos,
y la noche, incluso en el cénit de su oscuro dominio,
es luz solar al ser comparada con el color de mi destino.

Desde su trono de ébano, la Noche, diosa de azabache,
proyecta ahora, engalanada en tenebrosa majestad,
su cetro de plomo sobre un mundo que duerme.
¡Cuán mortal silencio! ¡Cuán profunda oscuridad!
Ni el ojo ni el atento oído encuentran objeto alguno;
toda la creación reposa. Es como si el pulso general
de la vida se detuviese y la Naturaleza hiciese una pausa;
¡una pausa aterradora, profética de su propio final!
Quisiera que esa profecía acelerase su cumplimiento:
¡dejad caer el telón, Destino!, ya no soporto tanta derrota.

Al silencio y la oscuridad, solemnes gemelos, nacidos
de la antigua Noche, que llevan al tierno pensamiento
a la razón, y que de la razón engendran la resolución
(ese pilar de la verdadera magnificencia humana),
solicito ahora una ayuda que agradeceré en la tumba,
la tumba, su reino, allí donde será arrojado este cuerpo
como una víctima sagrada más de ese negro relicario.

[...]

La campana da la una. No somos conscientes del tiempo
salvo a través de su pérdida; darle, pues, una lengua fue
sabio por parte del hombre. Escucho el solemne tañido
como si oyera a un ángel hablar. Si uno lo escucha bien,
es el toque de difuntos de nuestras horas perdidas.
¿A dónde se han ido? Se amontonan ya con los años
de pretéritos siglos. Es la señal que exige pronta acción:
¡cuánto más queda por hacer! Mis temores y esperanzas
se sobresaltan alarmados y sobre el estrecho borde
de la vida se asoman. ¿Qué ven? Un insondable abismo,
¡una sombría eternidad! ¡Cuán inevitablemente mía!
¿Y puede acaso esa oscura eternidad pertenecerme,
pobre inquilino confinado en los límites de una hora?

¡Cuán pobre, cuán rico, cuán abyecto, cuán augusto,
cuán complicado y cuán maravilloso es el hombre!
¡Y cuánto más maravilloso es Aquel que lo hizo así
y que unió en nuestra creación tan singulares extremos!
¡Qué asombrosa mixtura de naturalezas opuestas,
qué exquisita conexión de mundos distantes,
qué distinguido eslabón en la eterna cadena del ser,
a mitad de camino entre la nada y la divinidad,
un rayo de luz etérea enlodado y amortiguado,
mas, aunque deshonrado y mancillado, aún divino,
apagada miniatura de una grandeza absoluta,
un heredero de gloria, un frágil hijo del polvo,
un inmortal desamparado, un insecto infinito,
un gusano, un dios! Tiemblo al pensar en mí mismo,
y en mí mismo me pierdo. Un extraño en su morada,
el pensamiento vaga de un lado a otro, asombrado,
horrorizado y sorprendido de sí mismo; ¡cómo vacila
la razón! ¡Oh, qué milagro para el hombre es el hombre,
a la vez exultante y consternado, ya dicha, ya espanto,
alternativamente transportado y aterrado al mirarse!
¿Qué puede preservar mi vida, o qué puede destruirla?
El brazo de un ángel no puede arrancarme de la tumba
y legiones de demonios no pueden encerrarme en ella.

No es materia de conjetura, todas las cosas lo prueban:
mientras mis miembros caen bajo el dominio del sueño,
¿qué importa que mi alma camine con fantásticos pasos
por tierras de hadas, o que se lamente en las umbrías
de bosques desolados, o que arrojada de una escarpada
altura nade con dolor en las profundidades de las aguas,
o que escale precipicios, o que dance entre los vientos
con grotescas figuras, la delirante progenie del cerebro?
Aunque tortuoso, su incesante vuelo delata su naturaleza,

hecha de una esencia más sutil que la grosera arcilla,
una esencia activa, etérea, libre, alada, ilimitada
y que no está sujeta a la muerte de su vulgar compañero.
Hasta la muda noche proclama la inmortalidad del alma;
hasta la muda noche proclama la eternidad del día.
El Cielo todo lo administra para bienestar del hombre:
el reposo instruye, y ni aun los sueños en vano lo visitan.

¿Por qué, pues, llora la muerte de aquello que no muere?
¿Por qué vaga su pensamiento alrededor de las tumbas
en impío desconsuelo? ¿Es que acaso hay allí ángeles?
¿Duerme, apresado entre las cenizas, el fuego etéreo?
¡Ellos viven! Viven una grandiosa vida en una tierra
que no puede ser ni aun imaginada. Que, antes bien,
un tierno ojo derrame alguna piedad celestial sobre mí,
con mucha más justicia contado entre los muertos.
¡Oh, este es el desierto, esta es la verdadera soledad!
¡Cuán populosa y llena de vida, en cambio, la tumba!
¡Esta es la lóbrega y melancólica cripta de la creación,
el fúnebre valle, la angustiante penumbra de cipreses,
la tierra de las apariciones y de las sombras sin vida!
Todo, todo en la tierra es sombra, y todo allende ella
es sustancia; lo contrario es el credo de la Locura:
¡cuán sólido es todo allí donde no habrá más cambio!

[...]

¡Oh, vosotras, benditas escenas de perpetuo deleite
por encima de toda medida y más allá de todo límite!
Una eternidad de beatitud es condición de la beatitud.
Si acaso, en vuestro elevado éxtasis, temieseis un final,
en esa terrible idea pronto se hundiría toda vuestra dicha
y los reinos de luz dejarían de considerarse un paraíso.
Mas a salvo estáis, situadas sobre esas móviles esferas
la funesta influencia de cuya vertiginosa danza proyecta
tristes vicisitudes sobre todo cuanto bajo ellas se halla.
Aquí toda hora rebosa de revoluciones y cambios,
y raramente para mejor, o, en los casos más auspiciosos,
menos mortales que los habituales caprichos del destino.
Cada instante porta en sus manos una hoz similar
a la enorme guadaña del Tiempo, cuyo amplio golpe
derriba imperios desde la raíz; cada momento descarga
su pequeña y mortífera arma en la estrecha esfera
de las dulces comodidades domésticas, y siega así
las más bellas flores de nuestra bienaventuranza terrena.

¡Bienaventuranza terrena! ¡Orgullosas y vanas palabras!
¡Una implícita traición a los decretos de la Providencia,
una temeraria transgresión de los derechos del Cielo!
Intenté abrazar fantasmas y no encontré más que aire.
¡Oh, si lo hubiese sopesado mejor antes de mi intento,
cuántos dardos de agonía a mi corazón habría ahorrado!

¡Muerte, gran propietaria de todo, en tus manos está
arrasar imperios enteros y extinguir cualquier estrella!
El sol mismo brilla únicamente gracias a tu permiso,
y un día con tus dedos lo arrancarás de su esfera.
¿Por qué, pues, entre botines tan imponentes, malgastas
tu arbitraria aljaba en un blanco tan insignificante?

[...]

Mas ¿por qué lamentarme? ¿O por qué sólo por uno?
¿Acaso el sol ofrece su brillo únicamente para mí,
el único hombre? ¿Son ángeles todos los demás?
Me duelo por millones: es la suerte común a todos;
en esta forma, o en otra, el destino ha reservado
agonías similares a cuantos han nacido de una mujer,
no ya los hijos sino los seguros herederos del dolor.

La guerra, el hambre, la peste, la tormenta, el volcán,
el fuego, las luchas intestinas y la opresión, con su pecho
envuelto en triple coraza, acosan al género humano.
Aquí, la imagen de Dios, desheredada del día, se hunde
en profundas minas y olvida la existencia misma del sol;
allí, seres tan inmortales como sus arrogantes señores
son forzados de por vida en las abrumadoras galeras,
donde labran la ola invernal y cosechan desesperación.
Algunos, bajo amos severos, por las armas enemigas
fueron mutilados y ahora, con la mitad de sus miembros,
mendigan amargo pan en reinos salvados por su valor,
si es que el tirano, o sus esbirros, les permiten pedir.
La necesidad y las enfermedades incurables, funesto par,
sobre desesperadas multitudes se abaten sin piedad
al mismo tiempo y hacen de la tumba un ansiado refugio.
¡Cómo expulsan muertos entre gemidos los hospitales,
y cuántos más entre gemidos piden ocupar sus lugares!
¡Cuántos hombres, otrora alimentados opíparamente
por la fortuna, solicitan ahora la fría mano de la caridad
y, lo que genera mayor contrariedad, solicitan en vano!
¡Oh, delicados hijos del placer!, puesto que con dolor
lamentáis visitas mucho más placenteras, observad esto
y respirad vuestra disipación; y dad, a fin de reducir así

el dominio de los excesos sobre vosotros: tan grande es
vuestra imprudencia que os ruborizáis ante lo justo.
¡Felices seríais si la tristeza se ensañase sólo con ellos!
Ni la prudencia puede defender ni la virtud salvar:
la enfermedad invade hasta a la moderación más casta
y castiga incluso a los libres de toda culpa; y la alarma
persigue entre profundas sombras a los que viven en paz.
La prudencia del hombre a menudo se torna peligro
y, haciéndole bajar la guardia, lo aplasta hasta matarlo.
¡Ni aun la felicidad por sí misma hace bueno su nombre!
Nuestros propios deseos no nos dan lo que deseamos.
¡Cuán lejos está a menudo aquello que más acariciamos
de aquello que acariciamos de verdad, la felicidad!
Hasta el más suave curso de la naturaleza tiene asperezas,
y aun nuestros mejores amigos, a través de sus errores,
turban nuestro reposo. ¡Qué tribulaciones padecemos
sin un infortunio! ¡Y qué hostilidades sin un enemigo!
Y no faltan enemigos hasta a los mejores de este mundo.
Interminable es la aciaga lista de los males humanos,
y nadie nunca suspirará por la añoranza de suspirar.

¡Cuán pequeña es la porción del globo terráqueo
ocupada por el hombre! El resto es una desolación
de rocas, desiertos, mares helados y arenas ardientes,
salvaje morada de monstruos, venenos, espinas y muerte.
¡Tal es el melancólico mapa de la tierra! Pero, lo que es
aún más triste, la tierra es un verdadero mapa del hombre:
así los deleites de su altivo señor limitan con el vasto
imperio de calamidades donde las dificultades arrecian,
las congojas aúllan, las ponzoñosas pasiones muerden,
las famélicas agonías se ceban en nuestros órganos vitales
y un amenazante destino abre sus fauces para devorarnos.

[...]

¡Bendito aquel que, cansado de los escenarios vulgares
(escenarios apropiados para alejarnos de nosotros),
decide por propia elección hacer su paseo predilecto
bajo las lúgubres y silenciosas sombras de los cipreses,
donde el fantástico rayo de la Vanidad no penetra
y la Muerte habita, para visitar sus criptas, pesar su polvo,
leer sus monumentos y demorarse entre sus sepulcros!
Lorenzo, lee ahora conmigo la lápida de Narcissa[1]
(puesto que Narcissa era tu favorita); leamos juntos

[1] Narcissa es el nombre poético que Young da a su hijastra, quien había fallecido poco antes que la esposa y el yerno del autor. Lorenzo es un interlocutor ficticio.

su piedra moral, pues pocos clérigos enseñan mejor
y pocos oradores pueden conmover tan tiernamente
el sensible corazón. ¡Qué patetismo hay en las fechas!
Las palabras adecuadas pueden golpear, y aun así
transmiten muy débilmente lo que aquí sentimos.
¿Qué razón tenemos para prolongar nuestras vidas?
Las tentaciones nos atrapan cuando el temor descansa,
y nuestra más segura defensa es el presagio del mal.

Emergiendo de su tumba como de un humilde relicario,
la Verdad, brillante diosa, se aposenta sobre mi alma
y pone al crepuscular séquito del Engaño en fuga;
disipa las nieblas que engendran sensuales pasiones
a partir de objetos bajos, obscenos y terrenales;
permite apreciar el verdadero valor de las cosas,
lo cual ningún hombre, sin haber sufrido, vio jamás;
corre el velo que oculta los encantos de la Virtud;
detecta a la Tentación a través de sus mil embustes;
y me hace ver a los hombres como hojas de otoño
y a todo aquello por lo que sufren como polvo de verano
arrastrado por el vendaval. Iluminado por sus rayos,
ensancho mis horizontes, adquiero nuevos poderes,
percibo cosas remotas, veo aquello que era invisible
y en el presente vislumbro el porvenir. Nada existe
tan ajeno al hombre como las alegrías que posee,
y nada tan suyo como lo que le aguarda tras la tumba.

[...]

¿Debo, entonces, sólo buscar en lo sucesivo la Muerte?
Giro mis ojos hacia atrás y la encuentro también allí.
El hombre se sobrevive a sí mismo año tras año;
el hombre, como un arroyo, no es sino un perpetuo fluir,
y la Muerte es la feroz destructora de presas cotidianas.
Mi juventud y mi mediodía son suyos, mi ayer;
y la audaz invasora comparte también mi hora presente.
Cada momento cierra el ataúd sobre el anterior.
A medida que el hombre crece, su vida decrece,
y ya la cuna nos acerca a la tumba: nuestro nacimiento
no es mucho más que el comienzo de nuestra muerte,
así como la vela se empieza a consumir al encenderse.

[...]

Robert Blair

La Tumba

(EXTRACTOS)

Mientras algunos prefieren el sol y otros la sombra,
algunos evitan la sociedad y otros la reclusión,
siendo sus objetivos tan variados como los caminos
que toman al viajar por la vida, mía será la tarea
de pintar los tenebrosos horrores del sepulcro,
el lugar de reunión donde finalmente se encontrarán
todos esos viajeros, ¡e imploro para ello tu socorro,
Rey eterno en cuyo poder se encuentran las llaves
de la muerte y del Infierno! ¡Oh, Tumba, temido lugar,
el hombre se estremece cuando eres mencionada,
y la aterrada Naturaleza pierde su habitual firmeza!
¡Ah, cuán sombríos son tus vastos reinos y tus tristes
dominios, donde sólo reinan el silencio y la Noche,
oscura como lo era el Caos antes de que el joven sol
hubiese empezado a rodar o arrojado rayo alguno
hacia las profundas tinieblas! La vela mortecina,
al arder a través de las brumosas y siniestras bóvedas
cubiertas de mohosa humedad y viscoso cieno,
deja caer un horror multiplicado sobre todo
y sólo sirve para volver más ominosa la noche.
¡Terrible sitio, bien te reconozco por tu confiable tejo!
¡Oh, planta sombría y antisocial, que amas morar
en medio de cráneos, ataúdes, gusanos y epitafios,
allí donde volátiles fantasmas y espectrales sombras,
según dicen, toman forma bajo la pálida y fría luna
para llevar a cabo sus místicas danzas y rondas!:
tú no conoces, lúgubre árbol, más alegría que esa.

¡Ved aquella pequeña capilla sagrada, la piadosa obra
de nombres otrora famosos, ahora dudosos u olvidados
y enterrados entre las ruinas de las cosas que fueron!:
allí yacen en sus sepulcros los muertos más ilustres.
El viento sopla, ¡oíd cómo aúlla!; no creo haber oído
nunca hasta hoy un sonido tan deprimente como este.
Puertas crujen, ventanas golpean, y el ave de la noche
chilla desde el elevado chapitel; las sombrías naves,
de negras paredes que ostentan andrajosos blasones
y deslucidos escudos de armas, devuelven el sonido,
con ecos más pesados, desde las profundas bóvedas,

las mansiones de los muertos. Despertando allí
de sus sueños, los aterradores espectros se levantan
en sus espantosos sudarios, sonríen horriblemente
y empiezan a ir y venir, tan silentes como la Noche.
El autillo ulula de nuevo: ¡ah, funesto sonido!
No oiré ya más, pues hiela la sangre de cualquiera.

En torno a la capilla, una hilera de venerables olmos,
casi tan antiguos como aquella, alzan sus despojos
largamente azotados por los vientos: unos inclinan
sus troncos sin ramas; otros lucen copas tan delgadas
que difícilmente podrían sostener dos grajos a la vez.
Cosas extrañas, dicen los lugareños, han sucedido allí:
salvajes alaridos han surgido de las hondas tumbas,
muertos han regresado y deambulado por el páramo,
y la gran campana ha sonado sin que nadie la tocara
(tales las historias que narran, en velorios o cotilleos,
cuando la hora de las brujas empieza a aproximarse).

En el cementerio he visto a menudo por las noches,
bajo la luz lunar que se filtra a través de los árboles,
al joven estudiante, con el bolso escolar en su mano,
caminar silbando alto para infundirse ánimo
y pasar velozmente por entre las alargadas piedras
que, cubiertas de musgo y rodeadas por ortigas,
con sencillas frases nos dicen quién yace bajo ellas;
entonces, de pronto, se sobresalta y oye, o cree oír,
un sonido como de algo que susurra tras sus pasos,
por lo que empieza a correr sin atreverse a mirar atrás
hasta que, ya sin aliento, alcanza a sus compañeros,
los cuales lo rodean y se asombran con el relato
de una horrenda aparición, alta y fantasmagórica,
que ronda por las noches o tiene residencia fija
sobre alguna tumba reciente y que, extraño es decirlo,
con los primeros cantos del gallo se desvanece.

También he visto en ocasiones a la joven viuda,
¡triste visión!, avanzar lentamente entre los sepulcros;
indiferente a todo, en doliente luto camina sin prisa
mientras estallidos de aflicción escapan de sus ojos
y resbalan raudamente por sus macilentas mejillas;
por último, se deja caer boca abajo sobre la humilde
tumba de su amado, mientras la importuna Memoria
se afana por evocar tenazmente, en cruel sucesión,
las pasadas ternuras y goces de horas más felices;
largo, largo rato sigue ella recordándolo, viéndolo,
y entonces, abandonándose al dulce pensamiento,

se aferra aún con más fuerza a la insensible hierba
sin preocuparse por los ojos que así puedan verla.

¡Envidiosa Tumba, cómo amas separar a aquellos
que el amor ha unido y la compasión ha hecho uno,
un lazo más fuerte que las cadenas de la Naturaleza!
¡Oh, Amistad, misterioso cemento de las almas,
tú que endulzas la vida y sueldas las sociedades:
tanto es lo que te debo! Tú ya me has concedido
mucho más de lo que alguna vez podría pagarte.
A menudo he conocido los apuros amorosos
y los agradables afanes del corazón enamorado,
ansioso por complacer. ¡Oh!, cuando con mi amiga
hemos vagado despreocupados por algún bosque,
ocultos de los ojos vulgares, y nos hemos sentado
sobre una cuesta cubierta por un banco de prímulas
donde algún puro y límpido arroyuelo se desliza
en agradables meandros que a través del sotobosque
murmuran con dulzura, siempre sentí que el estridente
zorzal afinaba su canto amoroso; que el negro mirlo
templaba sus trinos y suavizaba cada una de sus notas;
que la eglantina endulzaba su perfume; que la rosa
asumía un matiz más profundo; y que todas las flores
rivalizaban con sus compañeras en la suntuosidad
de sus ropajes. ¡Oh!, entonces hasta el más largo día
del estío parecía fugaz mientras todavía el corazón
no se había vertido ni aun por la mitad, una felicidad
demasiado exquisita para durar. ¡Ah, cuán doloroso
es el recuerdo de la pasada dicha que ya no volverá!

Hosca Tumba, tú enturbias las danzas de la juventud,
borras los hoyuelos de las mejillas de la Alegría,
haces desaparecer las sonrisas de todos los rostros
y das así a nuestra risa el nombre de Locura.
¿Dónde están los bufones ahora, y los saludables
hombres de simpática complexión? ¿Dónde están
aquellos cómicos cuyos solos gestos ya eran graciosos
para el aplauso del teatro y los gritos de la multitud,
y que hasta a la adusta y meditabunda Melancolía
llevaban a evocar una tímida sonrisa en su semblante
antes de que pudiera darse cuenta? ¡Ay!, en silencio
yacen ahora, como la verde hierba que los cubre.

¿Dónde están los fragorosos estrépitos de la guerra,
los césares romanos y los grandes capitanes griegos,
el orgullo de la historia? ¿Dónde está aquel joven
temperamental que a su gusto arrancó las coronas

de todos los reyes del mundo entonces conocido,
y que luego lloró cuando su brazo se vio frenado
pues se le habían acabado los reinos para continuar?[1]
¡Ay, cuán deshonrosamente consumido yace ahora,
embutido en un espacio que nos avergüenza nombrar!
¡Realeza orgullosa, cuán alterado está tu aspecto,
cuán pálidas tus facciones y cuán lánguido tu matiz!
¡Oh, hijo del amanecer!, ¿a dónde te has ido?,
¿dónde has escondido tu frente coronada
y la majestuosidad de tus amenazantes ojos,
temidos aun de lejos? Tan dócil e impotente ahora
como un recién nacido envuelto en sus pañales
o como una víctima que, echada sobre sus espaldas,
palpita bajo el puñal de sacrificio de un verdugo,
mudo soportas las injurias de las lenguas pequeñas
y los cobardes insultos de la plebeya multitud;
nunca consentiste el privilegio de ese rencor,
sino que sólo esperaste poder en el apacible sepulcro
descansar solo y sin ser por nadie molestado.
Las resinas y las drogas aromáticas de Arabia
y los honores escrupulosamente ofrecidos
con respeto por numerosos heraldos llegan,
¡oh, cruel ironía!, demasiado tarde y sólo sirven
para burlarse de aquel a quien debían honrar.
Sin duda no hay prisionero alguno, enterrado
sin ataúd y sin mortaja al borde de un camino,
que no descanse tan profundamente como tú.
¡Ah, desdichada grandeza de alto linaje y cuna real
condenada a pudrirse igual que todos los demás!

¡Mas ved!, allí viene la suntuosa carroza fúnebre,
lenta y majestuosa, y naturalmente acompañada
por toda esa tribu de azabache que vela doliente
a la puerta del moribundo y que vive de los muertos,
alquilando sus personas y sus plañidos por hora
para imitar la tristeza cuando el corazón no llora.
¡Cuán ricos se ven los adornos que, desplegados,
resplandecen bajo el sol!: las triunfales entradas
de los conquistadores y las pompas de coronación
apenas los exceden en gloria. La apiñada multitud
entorpece la procesión, mientras, en las ventanas
y los tejados, apretadas filas de observadores
se asoman hacia abajo. Mas ¿por qué tanto fausto?
¿Por qué tanto alboroto para enterrar un cadáver

[1] Alusión a Alejandro Magno de Macedonia (356 a. C.-323 a. C.), quien, tras dominar Grecia, conquistó Asia Menor, Siria, Egipto, Media, Persia y llegó hasta el norte de la India.

que ha caído en desgracia y que al olfato huele horrible?
¡Oh, directores funerarios!, decidnos, ¿por qué razón,
entre todas las magníficas cosas que nos ofrecéis,
la principal de todas se halla oculta, aquella por la cual
se arma todo este revuelo? Pero obráis sabiamente:
en las buenas pinturas, lo que podría ofender el ojo
es discretamente escondido entre sombras por el pincel.

¡Orgulloso linaje, cuán insignificante pareces ahora
enterrado bajo la envidia de los hombres comunes!
El honor, ese mal pertinazmente entrometido,
te persigue hasta la muerte, y ni siquiera allí se detiene.
¡Extraña persecución!, prueba de que ni aun la Tumba
contra el duro sufrimiento ofrece protección alguna.

Absurdo es todo proyecto para trascender la Tumba
y para de la hecatombe de nombres salvar el nuestro.
Los mejores planes que los hombres hacen por la fama
mueren al instante: sólo ellos mueren más rápido.
El célebre escultor y el bardo coronado de laureles,
esos osados prestadores de un renombre inmortal,
en vano ofrecen el impotente auxilio de sus artes.
La encumbrada pirámide, orgullo de Egipto
y maravilla del mundo, cuya aguzada punta
ha lacerado las densas nubes y resistido incólume
los feroces asaltos de las tormentas de invierno,
finalmente, erosionada por los embates del cielo,
agrietada por los años y derruida por los siglos,
ve derrumbarse de pronto ese místico cono labrado
con antiguos jeroglíficos. ¡Oh, espectáculo lamentable!
Así es como el trabajo de edades enteras se desmorona
y sólo queda un horrendo y deforme cúmulo de ruinas.
Los monumentos sepulcrales en vano se debaten
contra el invencible Tiempo, que con su mano leprosa
los va gangrenando con tranquila y deliberada malicia:
roídos por el paso de los días, el bronce se consume,
la piedra se descompone y el mármol esculpido,
vacilante bajo el peso, deja por último caer su carga;
entonces la Ambición, víctima de su propia locura,
agacha la cabeza y se ruboriza ante esa destrucción.

Aquí todos los poderosos déspotas de este mundo
que nadaron a su trono a través de océanos de sangre,
los dictatoriales villanos destructores de hombres,
que asolaron reinos enteros, arrasaron imperios
y, en una cruel y lasciva embriaguez de poder,
masacraron a la mitad de su pueblo y hambrearon

a la otra, ahora, como una tormenta que ha pasado,
yacen en silencio, escondidos en sus sepulturas.
Vano pensamiento es ocultarse del desprecio general
que los persigue y acosa como un espíritu en pena,
implacable. Aquí también el insignificante tirano
cuyos exiguos dominios el geógrafo nunca notó,
ni tampoco sus igual de diminutas tierras vecinas,
que clavó sus garras de hierro en los pobres
y los aferró como una altanera ave de rapiña,
sordo a los agónicos gritos del hambre prolongada
y a la lastimera y conmovedora voz de la miseria
(como si los esclavos no fuesen acaso parte
de la misma naturaleza común con sus amos),
ahora yace dócil y humilde como un niño azotado,
le da la mano el polvo y llama «hermano» al gusano,
sin invocar ya rango o derecho de nacimiento alguno.
Bajo tierra, las jerarquías son farsa: vasallo y señor,
burdamente iguales, se consumen uno junto al otro.

Cuando la ufana autoestima o la adulación ajena
con argucias nos persuaden de que nos hallamos
de algún modo por encima de nuestros semejantes,
la Tumba refuta esas agradables y lisonjeras ideas
y con la más cruda verdad nos explica lo que somos.

¡Belleza, hermoso y atractivo juguete, dulce engaño,
que suavemente te introduces en el corazón del joven
y le das un nuevo pulso hasta entonces desconocido!,
la Tumba te desacredita: desprovista de tus encantos,
con tus rosas marchitas y tus lirios mancillados,
¿qué cosa te queda para jactarte? ¿Acaso tus amantes
te solicitarán ahora y buscarán rendirte homenaje?
Me parece estar viéndote recostada en tu ataúd,
mientras, hartándose en tus mejillas de damasco,
el ahíto gusano, lento y pesado, se banquetea
con regalo. ¿Para esto eran todos tus cuidados?,
¿para esto tus penosas labores frente al espejo?
Por haber realzado y mantenido todos tus encantos
el saqueador no te agradece. ¡Nauseabundo alimento!,
la carroña y las presas desagradables llenan igual
y a los sentidos proporcionan idéntico deleite.
¡Ved cómo llora la bella!: sus lágrimas conscientes
cual rocío en los pétalos de una flor permanecen;
¡honesta efusión!, en vano el desbordado corazón
se afana por embellecer la aflicción con afeites.

¡También tú, Fuerza, ruda y menos grácil jactancia
de aquellos que ríen en el cuadrilátero de la aldea!:
un acceso de enfermedad te derriba como a todos
con mayor facilidad que la que jamás te ofreció
el joven que locamente te desafió a desigual pelea.
¿Qué gemido es ese que he oído? ¡Y cuán profundo,
cuán lleno de inmensa angustia! ¿De dónde provino?
¡Ah!, de aquel lecho en el que un hombre robusto,
vencido por un brazo más fuerte, lucha por aliento
como una bestia perseguida en caza. ¡Cuán aprisa late
su corazón! Su amplio pecho es demasiado estrecho
para permitir a los pulmones respirar. ¿De qué le sirven
ahora sus vigorosos miembros y sus anchos hombros?
¡Ved cómo lucha por su vida! ¡Ved cómo se retuerce,
loco de agónico dolor! Con ansiedad busca asirse
de cualquier cosa a mano y a ella aferrarse con fuerza,
tal como una criatura que se ahoga. ¡Horrible visión!
¡Cuán espantosamente mira con desorbitados ojos
mientras la fétida infección y el mortal veneno
atraviesan sus entrañas como flechas llameantes
y se ceban en su tuétano! ¿Habéis oído ese gemido?
Ha sido el último. Ved cómo ahora ese gran Goliat,
como un chiquillo que ha sido abatido por el sueño,
yace inmóvil. ¿Con qué sentido, pues, ufano gigante,
alardeas de tus músculos? ¿Con qué sentido el toro,
inconsciente de sus fuerzas, actúa cobardemente
y huye ante una criatura tan débil como el hombre,
que, conociendo bien la endeblez de su brazo,
sólo se confía con el idóneo puñal en la mano?

Pálido por el estudio y las noches pasadas en vigilia,
el sabio que escudriña los astros acerca su ojo
al tubo tonificante de la vista y, viajando entonces
a través de las ilimitadas extensiones del espacio,
con intelectual éxtasis determina los cursos
de las distantes esferas que con regular confusión
ruedan allí en lo alto. Mas, ¡ay, hombre orgulloso!,
las grandes alturas son peligrosas para la mente:
pronto, muy pronto tus firmes pasos cederán
y caerás irremisiblemente a ese oscuro lugar
al que ningún artefacto ni conocimiento llegan.

Aquí yace el guerrero de la lengua, ahora desarmado,
incapacitado y deshonrado, como un prisionero
que, amordazado, no puede comunicar sus pesares.
Gran hombre del lenguaje, ¿qué te ha cambiado tanto?
¿Por qué esa muda y cabizbaja desesperación?

Aunque la sólida persuasión asome a tus labios,
junto con las artes más sutiles de la insinuación,
emboscadas quedan sobre tu otrora fluida lengua,
¡ay!, paralizada ahora. Densas nieblas y silencio
reposan, como una nube fatigada, sobre tu pecho
para siempre. ¡Ah!, ¿dónde están el brazo elevado,
el violento ademán, la palabra persuasiva,
la frase bien redondeada y la meliflua voz,
junto con todos los ornamentos del discurso?
¡Ah, han huido como si jamás hubiesen existido,
borrados del libro de la fama! O, peor aún,
quizás algún hambriento escriba rentado
mancille tu sepulcro e insulte tu memoria
con aburridas narraciones o torpes rimas
de titubeante ritmo y arrastrado paso,
capaces de encolerizar hasta a un muerto
y enardecer con roja furia sus pálidas mejillas.

Aquí los grandes maestros del arte de la curación,
todos esos supuestos defraudadores de la Tumba,
a pesar de sus bebedizos, julepes y panaceas
se resignan a su destino. ¡Orgulloso hijo de Esculapio!,
¿dónde están ahora los vanos implementos de tu arte
y los anaqueles colmados de salutíferas pócimas?
Ni colina, ni valle, tan lejos como los navíos llegan,
ni margen de arroyo de rocoso lecho han escapado
a tu ávida mano saqueadora; de resistentes raíces
has exprimido las virtudes que guardan renuentes
y las has expuesto al fuego; y ni mosca, ni insecto,
ni serpiente se han visto a salvo de tus experimentos.
Pero ¿de qué te han servido tanto aparato y afanes?
Dinos, temerario guardián a las puertas de la Tumba,
¿dónde están ahora todas tus recetas y cordiales,
junto con la larga lista de recibos por tus curas?
¡Ay, no respondes! Ni el audaz impostor se muestra
así de confundido cuando su engaño es descubierto.

Aquí el demacrado avaro, el peor de los criminales,
quien miserablemente privó, en vergonzosa acción,
de regocijo tanto a su estómago como a su morada,
aliviado ahora de ese impuesto que lo forzó a pagar
con su propio cadáver, yace en barato alojamiento,
sin ser ya molestado por clamorosos apetitos
o por fastidiosas cuentas de reparaciones y cargos.
Mas, ¡ah!, ¿dónde están sus rentas y ganancias?
¡Ay, ahora sí que el opulento ha caído en la pobreza!
Despojado de sus bienes, ¿qué le ha quedado?

¡Oh, maldita sed de oro!, por amor a ti, el insensato
descuida su interés en ambos mundos: hambreado
primero en este, condenado más tarde en el otro.

¡Cuán estremecedor ha de ser tu llamado, oh, Muerte,
para aquel que se siente a gusto con sus posesiones
y que, contando con largos años de placer aquí,
no se encuentra aún preparado para el otro mundo!
¡Cómo el alma frenética, en ese aterrador momento,
se debate contra los muros de su morada de arcilla,
corre en todas direcciones y grita pidiendo ayuda,
mas en vano! ¡Con cuánto deseo contempla entonces
todo lo que debe abandonar, todo lo que ya no es suyo!
¡Oh, si acaso un poco más, tan sólo un poco más
pudiese quedarse ella aquí para limpiar sus manchas
y prepararse para su viaje! ¡Desgarradora visión!
¡Sus ojos lloran sangre, y cada gemido que escapa
de su boca está preñado de horror! Mas la Muerte,
como un tenaz asesino implacable en su objetivo,
la sigue de cerca por todas las sendas de la vida,
sin perder nunca su rastro, y se le acerca cada vez más
hasta que, arrastrándola por fin al negro precipicio,
la hunde súbitamente en una perpetua ruina sin fin.

De seguro ha de ser terrible morir. ¡Oh, alma mía,
qué extraño momento será aquel en que, cercana
al fin de tu viaje, tengas el abismo frente a tus ojos,
el espantoso abismo que jamás ningún mortal
volvió a cruzar para narrar qué hay del otro lado!
La Naturaleza retrocede y se estremece al verlo,
y toda vida sufre al solo pensamiento de partir.
Pero es inevitable: cuerpo y alma deberán separarse.
¡Afectuosa pareja, más unida que dulce matrimonio!;
una alza su vuelo hacia su todopoderoso Creador,
el Testigo de todas sus acciones, ahora su Juez,
y el otro cae en la oscura y nauseabunda Tumba
como una vasija que no tiene ya utilidad alguna.

[...]

¡Oh, muertos!, ¿ninguno de vosotros, apiadándose
de aquellos a quienes dejáis atrás, revelará el secreto?
¡Ah, si tan sólo algún gentil fantasma nos narrase
qué es eso que sois, y que en breve seremos nosotros!
He oído que, en ocasiones, espíritus han prevenido
a hombres de sus propias muertes. Es muy amable
golpear la puerta y dar la alarma, pero ¿a qué viene

tan mezquina caridad? Es una generosidad pobre
que sólo cumple a medias su propósito. ¿Por qué
no nos decís qué es morir? ¿Acaso las estrictas leyes
de vuestra etérea sociedad os prohíben hablar
sobre un tema tan importante? No os preguntaré más:
vuestro brillo, lúgubre como el de velas sepulcrales,
no os ilumina sino a vosotros solos. Mas no importa:
en poco tiempo todo se nos aclarará y seremos
tan instruidos como vosotros, e igual de remisos.

Apiñadas vuelan las flechas de la Muerte. Aquí cae
el mozo de aldea; allí, su delicado señor. La copa va
de mano en mano, ¿y quién es tan hábil para evitarla?
Hace tiempo que la Muerte ha alcanzado a la mayoría
y, cosa extraña, los vivos aún se resisten a aceptarla.
Ved a aquel que prepara los lechos de los muertos,
el sacristán, viviente crónica de canosos cabellos
y adusto semblante por el cual jamás ha corrido
una sensible lágrima: con la pala en sus manos cava
a través de filas enteras de parientes y conocidos
mucho más jóvenes que él. Con sólo ver un cráneo,
puede decir quién fue su antiguo dueño y narrar
algún pasaje de su vida. Así ha caminado, ebrio,
de la mano con la Muerte por dos veces veinte años;
y, sin embargo, ningún joven ríe más fuerte que él
o cuenta chistes más licenciosos, ni ningún borracho
canta tonadas más alegres o lleva con más presteza
su mano a la botella. ¡Pobre diablo! Poco le importa
que muy pronto algún confiable hermano de oficio
vaya a hacer con él lo que él ha hecho con millares.

Los hombres ven por todas partes a sus amigos
caer como hojas en otoño, y, aun así, se embarcan
en fantásticos proyectos que los longevos patriarcas,
en los sanos y robustos días de los albores del mundo,
apenas habrían tenido tiempo ocioso para emprender.
Insensatos somos al nunca pensar en la Muerte
y en nosotros a la vez, como si aprender a morir
no nos concerniese en absoluto. ¡Oh, embrutecidas
criaturas de un solo día, siempre en ánimo de juego,
retozando despreocupadas junto al oscuro borde
de la Eternidad, cuando, como deberíamos saberlo,
la primera ola de magnitud nos empujará al abismo!
Lo pensemos o lo ignoremos, el Tiempo se apresura
con incesante e inexorable marcha, aunque pisando
con mayor sigilo que el de cualquier ladrón nocturno
que desliza su mano bajo la almohada del avaro

y que con su botín se aleja luego. ¿Qué es este mundo,
qué es sino un vasto camposanto a cielo abierto
sembrado con los despojos de la Muerte, despojos
de animales domésticos y salvajes así como de humanos?
La misma hierba que pisamos alguna vez vivió,
y quienes vivimos habremos con nuestros cadáveres
de cubrir a nuestra descendencia, la cual a su turno
cubrirá a la suya. Aquí es donde nos encontramos
todos: desde el trémulo islandés al atezado moro,
hombres de todos los climas, que jamás se conocieron,
y de todos los credos, el judío, el árabe y el cristiano.
Aquí el orgulloso príncipe, el aún más orgulloso favorito,
el consejero del soberano y el azote del pueblo
se amontonan fuera de la vista. Aquí reposan
humillados los grandes negociadores del mundo
y los más célebres maestros de la balanza,
doctos en estratagemas y artimañas leguleyas,
ahora vanos todos sus ardides: la Muerte no litiga.
Aquí el agobiado esclavo deja caer al fin la carga
de sus vencidos hombros, y, mientras el cruel tirano,
rodeado por sus guardias y herramientas de poder,
está meditando nuevos tormentos inauditos, se burla
de su corto brazo y, veloz como el pensamiento, escapa
a donde los tiranos no llegan y los fatigados descansan.
Aquí el ardiente amante, dejando la fresca sombra,
el eco delator y los apacibles murmullos del arroyo,
remansos de la mente y lugares favoritos del amor,
se encuentra al fin recostado junto a su dulce amada,
a salvo de las malas lenguas. Aquí amigos y enemigos
yacen juntos, olvidados de sus antiguas discordias.
El prelado ricamente ataviado y el humilde presbítero,
aunque siempre mantuvieron entre sí distancia,
aquí se mezclan con familiaridad, como arroyuelos
hermanos cuyos cursos alguna ruda roca ha bifurcado.
Aquí yace el robusto campesino; allí, el infante
que vivió un suspiro y que no conoció dicha alguna
ni bebió de pecho, ahogado en el umbral de la vida.
Aquí reposan la madre rodeada de sus hijos e hijas,
la esposa estéril, y la siempre recatada doncella
cuyos solitarios encantos sin dueño han sonreído
como aquellos nudos de prímulas en el acantilado
que yacen fuera del alcance de la voluntariosa mano;
aquí yacen la severa puritana, la alegre coqueta,
la sobria viuda, y la joven y aún lozana virgen
segada como aquella rosa que aún no ha florecido
o que apenas ha revelado su belleza; ¡extraña mezcla!
Aquí la locuaz vejez da rienda suelta a sus relatos;

aquí la jovial juventud de frívolo y ligero corazón,
cada uno de cuyos días estaban hechos de melodía,
no oye más la voz del placer; aquí el niño revoltoso,
dócil como una tórtola, olvida todos los regaños.
Aquí yacen el sabio, el generoso y el valiente,
el justo, el bondadoso, el mezquino y el soez,
el completo payaso y el perfectamente bien educado,
el insensato, el grosero, el rufián y el miserable,
el adusto patriota y el sutil hombre de Estado,
las ruinas de naciones y los despojos del tiempo,
junto con todos los restos de estos seis mil años.[2]

[...]

Dejadme detenerme y derramar una lágrima sincera,
un emocional estallido de deber filial y condolencia,
sobre los vastos desiertos que la Muerte ha dejado,
este caos de la humanidad. ¡Oh, insaciable devoradora
de hombres para la cual todos los días son carnaval,
inaudita epicúrea[3] que no tienes igual en el mundo!,
pues aun los mayores glotones dejan cada tanto
de atragantarse y observan intervalos de abstinencia
para estimular su apetito, pero tú nunca lo haces.
Pienso que los innumerables enjambres que ya
has deglutido, y los miles que engulles hora a hora,
de sobra deberían bastar para atiborrarte, pero, ¡ah!,
voraz aún, siempre tienes lugar para embucharte más,
como aquel que por días ha sido privado de alimento
y en quien el Hambre ha posado su huesuda mano
para transformar en famélicas ansias sus deseos
(como si las plagas, los venenos, las hambrunas,
las masacres y las guerras no te alimentasen a diario).

Mas en un futuro deberás entregar a tus muertos,
y con elevados intereses. Ellos no son tuyos,
sino que sólo te son prestados por una temporada,
hasta el gran día prometido de la restitución
en que, cuando el sonido de la broncínea trompeta
soplada por el querube convoque a tus cautivos,
aquellos que llevan tanto tiempo descansando
despertarán a la vida, la luz del día y la libertad.
Entonces tus portales se abrirán y revelarán
los veneros que se han ido formando bajo tierra,

---

[2] En el siglo XVIII era aún creencia de muchos que el mundo tenía unos seis mil años de edad.

[3] Por los seguidores de las doctrinas de Epicuro (c.341 a. C.-c.270 a. C.), filósofo griego que preconizaba el alcance de la felicidad por medio de los goces y placeres de los sentidos.

encerrados en oscuras celdas, pero ahora maduros
y puros como la plata líquida que, en el crisol,
dos veces ha soportado ya la tortura del fuego
y la inquisición de la forja.

[...]

¡Bienvenida sea la Muerte,
que, tras muchos dolorosos y sangrientos pasos,
nos conduce a nuestro hogar y nos deposita a salvo
en la largamente anhelada ribera! ¡Prodigioso cambio,
nuestra perdición tornada bendición! Desarmada,
la Muerte pierde su fiereza; todo gracias a Aquel
que le extrajo todo su veneno. Sin duda, el destino
de los justos es la paz. ¡Cuán calma es su partida!
Ni los cansados vientos al expirar ni el rocío nocturno
al caer sobre la hierba lo hacen con tanta suavidad.
Contempladle en el crepúsculo de sus días terrenos,
tras una vida piadosa cuyo temprano cuidado fue
que sus años maduros no renegasen de sus verdores;
de manera imperceptible se va deteriorando,
pero, como el sol, en su ocaso parece aún más grande.
Con fe y fundadas esperanzas, ved cómo se estira
hacia la cercana recompensa y, como un pájaro
atrapado, se debate con fuerza intentando escapar
cuando los portales de la visión se expanden
para revelar nuevas glorias, los primeros frutos
de la ya próxima cosecha. Entonces, ¡oh, entonces!,
todos los bienes terrenos empiezan a parecerle viles
o desaparecen, reducidos a la nada. ¡Oh, cómo anhela
tener su pasaporte firmado y poder al fin partir!
Hecho está, y ahora es feliz: el alma bienaventurada
ha cumplido todos sus deseos. Incluso la carne
abandonada descansa esperando reencontrarse
con su mejor mitad para ya nunca más separarse.
Y no esperará en vano: el tiempo se avecina
en que cada una de las sepulturas de este mundo,
ya sea en la tierra o en el anchuroso mar,
deberá devolver, inmaculado, todo el polvo
largo tiempo atesorado, rindiendo con fidelidad
la suma completa de cuanto haya recibido,
sin que un solo átomo falte o se dé por extraviado.
Cada alma tendrá entonces un cuerpo listo,
y cada una recibirá el propio. No os preguntéis,
profanos, cómo esto puede ser posible: sin duda
el mismo Poder que creó y desarmó esa unión
puede volver a ensamblar las partes separadas

y ponerlas como estaban. El Dios todopoderoso
ha hecho mucho más, y su brazo no se ve afectado
por el paso del tiempo. Y lo que puede, lo hará:
su palabra está atada a observar que esto suceda.
Cuando la temida trompeta suene, el polvo
que descansa, oyendo el llamado, despertará,
y cada miembro recuperará su lugar adecuado
con una nueva elegancia de forma, desconocida
a su primer estado. Y no habrá el alma consciente
de equivocar su compañero, perdida en la multitud,
sino que, identificando a su otra mitad, hacia ella
se apresurará con la impaciencia propia de aquel
que, al llegar a su hogar tras una prolongada ausencia,
velozmente corre a visitar todas las habitaciones,
desesperado por ver todo. ¡Ah, feliz reencuentro!
Ni el Tiempo ni la Muerte los volverán ya a separar.

No es más que una noche, una larga noche sin luna;
hacemos de la tumba nuestro lecho y luego partimos.

Del mismo modo, al caer la tarde, el ave fatigada
abandona el amplio aire y en alguna rama solitaria
se acurruca para descansar hasta el nuevo amanecer,
tras lo cual abre sus grandes alas y reanuda su viaje.

Thomas Gray

Elegía escrita en un cementerio rural

El tañido de la campana anuncia el final del día,
   el rebaño desciende lentamente por el prado,
y el labrador, retornando a su casa con paso cansino,
   nos deja el mundo entero a la oscuridad y a mí.

El desvaído paisaje se esfuma poco a poco de la vista
   y todo el aire va adoptando una solemne calma
que sólo interrumpe el zumbido del abejorro al volar
   y los monótonos cencerros de rediles lejanos,

salvo cuando de aquella torre cubierta de hiedra
   el afligido búho eleva a la luna sus quejas
por los que merodean en torno a su secreto refugio
   y perturban así sus otrora solitarios dominios.

Bajo aquellos robustos olmos, a la sombra del tejo,
   donde la hierba cubre varios túmulos agusanados,
descansando para siempre en sus angostas celdas
   reposan los sencillos ancestros de la aldea.

Ni el llamado ventoso de la perfumada aurora,
   la golondrina gorjeando sobre el cobertizo,
el estridente clarín del gallo o los cuernos de caza
   podrán ya levantarlos de sus humildes lechos.

Para ellos ya no arderá el cálido fuego del hogar
   ni la ajetreada esposa ofrecerá la caricia nocturna;
ningún niño correrá a celebrar el regreso paterno
   o subirá a sus rodillas para dar el esperado beso.

Las cosechas solían rendirse al golpe de sus hoces
   y la resistente tierra solía abrir amable sus surcos.
¡Cuán felices guiaban sus yuntas por los campos!
   ¡Cómo se inclinaban los bosques bajo sus hachazos!

Que la Ambición no se burle de sus útiles esfuerzos,
   sus alegrías hogareñas y sus oscuros destinos;
que la Grandeza no escuche con sonrisa desdeñosa
   las breves y sencillas historias de los pobres.

El orgullo del heráldico blasón, la pompa del poder
y todo cuanto la belleza y la riqueza aportan
aguardan de igual manera la inevitable hora:
los senderos de gloria no conducen sino a la tumba.

Vosotros, arrogantes, no los culpéis si la Memoria
no eleva sobre sus túmulos grandes trofeos
mientras en las largas naves y rancias criptas
resonantes himnos inflan las notas de alabanza.

¿Pueden acaso la urna labrada o el vívido busto
traer el hálito pasajero de vuelta a su mansión?
¿Puede la voz del Honor animar el mudo polvo
o el Halago ablandar el frío oído de la Muerte?

Puede que en este abandonado lugar repose
algún corazón otrora insuflado de fuego celeste,
manos que hayan empuñado el cetro de un imperio
o que hayan despertado al éxtasis la lira inmortal.

Mas el Conocimiento jamás desplegó ante esos ojos
su amplia página con los saberes del tiempo,
y la gélida Penuria, reprimiendo su noble cólera,
heló en esas almas los torrentes del genio.

Muchas piedras preciosas del más puro brillo
guardan las sombrías cuevas del insondable mar;
muchas flores se abren sin ser vistas por nadie
y desperdician su perfume en un aire desierto.

Algún Hampden[1] aldeano que con valiente corazón
haya enfrentado al pequeño tirano de su región;
algún silente Milton sin gloria tal vez descanse aquí,
algún Cromwell[2] inocente de la sangre de su pueblo.

Dirigir con firmeza el aplauso de atentos senadores,
despreciar las amenazas del dolor y la ruina,
distribuir la abundancia sobre tierras risueñas
y narrar su historia ante la mirada de una nación

les impidió su destino, no sólo poniendo límites
a sus virtudes, sino también a sus crímenes;
prohibiéndoles alcanzar con masacres un trono,
cerrar las puertas de la piedad a los hombres,

---

[1] John Hampden (1594-1643) fue uno de los héroes de la primera guerra civil inglesa.

[2] Oliver Cromwell (1599-1658) fue un prominente político y militar inglés.

ocultar las hondas agonías de la verdad consciente,
sofocar los rubores de la ingenua vergüenza
u ofrendar en los altares del Orgullo y la Opulencia
un incienso encendido con las llamas de su musa.

Lejos de los innobles afanes de la loca multitud,
sus sobrios deseos nunca aprendieron a desviarse;
a lo largo del tranquilo y apartado valle de la vida
mantuvieron el desapercibido tenor de sus pasos.

Sin embargo, para proteger aun a estos huesos
del insulto, frágiles monumentos erigidos cerca
y adornados con toscas esculturas y rústicos versos
imploran al paseante el tributo de un suspiro.

La inculta musa enuncia sus nombres y sus años,
nos suministra sus lugares de fama y sus elegías,
y siembra alrededor numerosos textos sagrados
que enseñan al aldeano moralista a morir.

Pues ¿quién, para ser presa del silencioso Olvido,
renuncia a esta agradable y ansiosa existencia,
dejando tras de sí los cálidos dominios del alegre día,
sin mirar atrás con profunda y sentida añoranza?

El alma que parte confía en un pecho amado
y el ojo que se cierra anhela lágrimas amigas;
aun desde la tumba la voz de la Naturaleza llama,
aun en nuestras cenizas su antiguo fuego pervive.

Tú que, interesado en los muertos sin nombre,
te relacionas en estas líneas con sus historias,
si por azar, movido por solitaria contemplación,
un espíritu afín se acercara a inquirir tu destino,

quizás un campesino canoso podría llegar a decir:
«Con frecuencia se lo veía, al despuntar el alba,
atravesar con pasos presurosos el rocío matinal
para recibir el sol en lo alto de la herbosa colina.

»Allí, al pie de aquella haya que crece inclinada
retorciendo sus fantásticas y añosas raíces,
estiraba al mediodía con indiferencia su estatura
y contemplaba el arroyo que murmura a un lado.

»Por aquel bosque, con una sonrisa desdeñosa,
vagaba al anochecer musitando ociosas fantasías,
cabizbajo y afligido como alguien abandonado,
torturado por afanes o por un amor desesperado.

»Un día noté su ausencia en la colina habitual,
a través del páramo y junto a su árbol favorito;
otro siguió, y nadie lo vio ni a un lado del arroyo,
ni subiendo la cuesta, ni vagando por el bosque.

»Al siguiente, con vestidos de luto y entre endechas,
vimos que por el camino de la iglesia lo llevaban.
Acércate y lee (pues puedes leer) la inscripción
grabada en aquella lápida bajo el viejo espino».

El epitafio

Aquí, sobre el regazo de la tierra, yacen los restos
de un joven desconocido para la Fortuna y la Fama;
la bella Ciencia no desdeñó su humilde nacimiento
y la Melancolía lo eligió como uno de los suyos.

Grande fue su generosidad y sincera fue su alma,
por lo que el Cielo le envió una justa recompensa:
entregó a la Miseria todo cuanto tenía, una lágrima,
y recibió del Cielo todo cuanto deseaba, un amigo.

No busquéis en él más méritos para exponer
ni saquéis sus flaquezas de su lóbrega morada,
pues ambas por igual, en trémula esperanza,
reposan ahora en el seno de su Padre y su Dios.

Joseph Warton

Oda a la Soledad

¡Tú que en lo más profundo de la noche
caminas bajo la pálida luz de la luna,
ataviada con un largo vestido negro
y con hojas de ciprés ornando tu frente,
mientras escuchas al gallo cantar
y a la distante campana dar la hora;
o que, sentada en tu honda caverna,
escuchas el lúgubre bramido del viento,
o al búho presagiando la muerte,
o al lejano perro que toda la noche aúlla,
mientras en tu melancólica cámara
el candil proyecta una mortecina luz;
tú que nunca pisas el verde prado
o la cuesta poblada de margaritas,
sino que vagas por las oscuras umbrías,
por los arroyos de aguas pensativas
o por las rocas yermas y escarpadas
a las que ningún pastor lleva su rebaño;
a ti me dirijo, meditabunda dama,
odiando el mercantil bullir de la ciudad:
oh, déjame morar al fin en paz contigo,
libre del ruido de la dicha y el comercio,
para con la reflexión buscar los cielos
y huir de este mundo esclavo del delirio!

Oda a la Superstición

¡A los oscuros recintos de algún convento
en el que la alegre luz del sol nunca sonría
vete, tirana, huyendo de Albión a la servil Roma;
y allí, a la lívida y mortecina luz de las velas,
en las quietas y solemnes horas de la noche
pasea pensativa entre muchas tumbas pomposas!

¡Tus chirriantes cadenas, tus hierros al rojo,
tus dardos envenenados y tu bárbara rueda
llévate bien lejos de esta isla, demonio maligno,
y no te atrevas a atar a los grilletes del Error
a una sola activa y libre mente británica
que indignada luche por escapar a tu dominio!

Tú ordenaste al sacerdote del terrible Moloch
arrancar a los infantes del pecho materno
sin oír las frenéticas súplicas de sus madres;
tú condujiste a los crueles hijos de España
a los dorados prados de las asombradas Indias
para fertilizar sus tierras con diluvios de sangre.

¡Mas observad cuán velozmente huyes
no bien la Razón eleva su radiante cabeza!
Apenas su imponente y resonante voz oyen,
tu permisiva madre, la ciega Ignorancia,
y tu hijo, el trémulo Miedo, se retiran,
llevándose a todo tu funesto séquito de terrores,

así como, entre los magos de otras tierras,
apenas Febo se sube a su brillante carro
a sus negros osarios los fantasmas regresan,
los saciados lobos a sus guaridas se retiran
y el león, arrastrando su presa, deja de rugir
y se apresura hacia alguna profunda caverna.

¡Os saludo, pues, oh, amigos de la Razón
y enemigos del odioso velo del Misterio!
Al elevado templo de la Verdad guiad mis pasos,
allí donde Clarke y Wollaston residen,
con Locke y Newton sentados a su lado,[1]
y donde en eterna luz Platón se halla entronizado.

---

[1] Samuel Clarke (1675-1729) y William Wollaston (1659-1724) fueron destacados filósofos morales británicos, mientras que John Locke (1632-1704) e Isaac Newton (1642-1726) fueron, entre otras cosas, influyentes filósofos naturales.

Thomas Warton

Los placeres de la Melancolía

¡Madre de las cavilaciones, sabia Contemplación,
cuya gruta se sitúa en la cumbre más elevada
de Tenerife, en medio de la tempestuosa noche
en la que, sumida en tranquilas reflexiones,
escuchas, entre los aullidos del viento, la caída
de la lluvia y el granizo; o, si los cielos brillan
sin nubes y a través del sereno azul nocturno
la pálida Cintia asciende en su carro plateado,
desde donde contemplas la estrellada bóveda
con deleite mientras los indistintos murmullos
de aguas lejanas sosiegan tu pensativo oído
con broncos sonidos; o desde donde a menudo
oyes, tranquila y a salvo, los salvajes clamores
de oleajes tumultuosos que como un rumor
ascienden hasta la rocosa cima en la que moras
alejada de los hombres, conversando con las esferas!
¡Oh, sublime reina, condúceme a solemnes tinieblas
que se correspondan con mi alma, a tristes umbrías,
a sitios en ruinas, a celdas y glorietas crepusculares,
y a dondequiera que la Melancolía ame ir a meditar,
sus refugios nocturnos preferidos! Las alegres escenas
de la florida Primavera, donde el sensual séquito
de Gracias y Sonrisas se entrega a etéreas danzas
en festivas rondas, mientras de sus manos llueven
montones de bellísimas flores, ya no me atraen:
¡oh, Tempe[1], ya no cortejaré tus balsámicas brisas!
¡Adiós, verdes valles! ¡Adiós, praderas floridas!

Dejadme mejor sentarme entre los musgosos muros
de aquella ruinosa abadía, a la hora del ocaso,
en la que, a través de alguna ventana, la pálida luna
derrama su largo y horizontal arroyo de claridad,
mientras un taciturno silencio reina alrededor
salvo por el solitario llamado del búho que construye
su nido en derruidos huecos oscuros y mohosos,
o por la calma brisa que hace crujir las hojas
de la altiva hiedra que, con su verde manto,
adorna alguna decrépita torre. O dejadme pisar
los vecinos senderos de pinos, hollados antaño

[1] Valle de Grecia cercano al monte Olimpo y asociado en la Antigüedad a Apolo y las musas.

por los hermanos del claustro: mientras camino
por el lúgubre espacio que se abre bajo sus amplias
y altas bóvedas, un horror religioso envuelve
a mi alma en pavorosa quietud. Y cuando el mundo
sea vestido por la noche en sus ropajes color cuervo,
dejadme observar en los osarios a la indecisa llama
de la vela mortecina esparcir un lívido resplandor
sobre los pálidos restos óseos, mientras etéreas voces
dialogan por los corredores o fantasmagóricas formas
atraen de lejos, haciendo gestos con sus manos,
mis pasos solitarios a través de laberínticas criptas.
Tampoco carece de deleite la solemne medianoche,
cuando, acaso desvelado, de mi lecho me levanto
sobresaltado y todo yace en reposo alrededor.
No se oye el gemido del viento, y tanto hombres
como bestias descansan en silencioso olvido:
toda la Naturaleza calla en la quietud del descanso.
¡Oh, cuán espantoso es entonces reflexionar
en que, en la inmensa soledad del mundo inmóvil,
nadie está despierto salvo yo!, hasta que el sueño
baña mis somnolientos párpados con su opiáceo rocío.
Que entonces ningún ensueño nacido de la sensual
Locura guíe mis pasos por floridas sendas de placer,
sino que, en cambio, el sagrado genio de la noche
me envíe místicas visiones como las que vio Spenser[2]
cuando, a través del mágico laberinto de la fantasía,
condujo hasta el terrible castillo de Busirane
a la intrépida Britomart, o como las que a Milton
visitaron cuando en abstracto pensamiento vislumbró
a todo el Cielo en guerra y a los serafines marchar
en imponentes armaduras de oro y diamante.

Que otros amen esas estivales sonrisas vespertinas
que, en medio del sonido de distantes cascadas,
notan de pronto en el sonrojarse del veteado Oeste:
yo prefiero la neblinosa tristeza del frío diciembre.
Entonces, al caer las lúgubres sombras de la noche,
dejadme permanecer sentado al vacilante resplandor
que los agonizantes rescoldos esparcen por el cuarto,
lejos de los locos gritos de la Alegría que resuenan
con ecos festivos a través de iluminados salones,
mientras el grillo entona sus arrulladoras endechas.
Y que allí mi pensamiento contemplativo explore
este efímero estado de las cosas, los vanos deleites

[2] Alusión a Edmund Spenser (c.1552-1599) y su poema épico *The Faerie Queene (La reina de las hadas)*, en el que aparecen los personajes mencionados a continuación.

y los infructuosos afanes en búsquedas que nos eluden
mientras vagamos por las desolaciones de la vida.
Esa hora de silencio servirá para desenmascarar
la falsa sonrisa de la Locura, que, como los hechizos
deslumbrantes del artero Como[3], al ojo incauto
engaña con turbias ilusiones y nos persuade a beber
de esa copa encantada que desdibuja la bella efigie
de la Razón y estampa un monstruo en el hombre.
Con ansias bebemos, pero en el exquisito trago
olvidamos las tóxicas heces que acechan debajo.

Pocos conocen esa elegancia propia del alma refinada
cuyos sentidos encuentran un más agudo deleite
en las escenas de la Melancolía que en todo cuanto
el grosero orgullo del esplendor y la magnificencia
podría alguna vez ofrecer. Así Eloísa[4], cuya mente
había languidecido bajo las agonías del fogoso amor,
experimentaba transportes más genuinos observando
las velas de los muertos reclinada sobre una tumba,
o meditando, velada como una devota, en su prisión
de pasillos y columnas, entre sepulcros y relicarios
con imágenes de santos, que los que Flavia[5] sentía
mientras, entre los laberínticos bailes de las fiestas,
orgullosa de sus irresistibles encantos y hermosura,
flotaba en medio de los largos vestidos satinados
y brillaba como la más bella del grupo de bellezas.

Cuando el azul mediodía alegra este mundo dedálico[6]
y el bienaventurado soberano del dorado día
derrama placer desde su brillante torre meridiana,
¡cuán a menudo mis deseos anhelan el pronto regreso
de la noche, que se aviene mejor al ánimo melancólico!
¡Salve, sagrada Noche: también para ti será mi canto!
¡Hermana de Hécate[7] la de cetro de ébano, salve!
¡Ya envuelvas entre plomizos rebaños de nubes
tu carro invisible o con plateada corona rodees
tu resplandeciente cabeza, por siempre te saludo!

[3] Dios griego de las fiestas nocturnas y de los excesos etílicos, hijo de Dioniso.

[4] Eloísa d'Argenteuil (c.1092-1164) fue una intelectual medieval cuya trágica historia de amor con el teólogo Abelardo, que culminó con ambos confinados en abadías y ella tomando el velo y los hábitos de monja, se convirtió en leyenda y tema de numerosas obras literarias, entre ellas, el poema *Eloísa a Abelardo*, escrito en 1717 por Alexander Pope (1688-1744).

[5] Personaje de *Epistle to a Lady (Epístola a una dama)*, obra escrita por Pope en 1743.

[6] Adjetivo derivado de Dédalo, constructor del laberinto del Minotauro en Cnosos, Creta, y padre de Ícaro. Sinónimo de laberíntico, complejo, ricamente adornado.

[7] Diosa griega de la noche, la magia y los espectros.

¿Qué importa que, bajo tus tinieblas, las hechiceras,
lejos en los oscuros páramos de Laponia[8], profieran
terribles maleficios sobre la sangrienta caldera;
o que el Asesinato, agazapado entre tus sombras,
llame a sus devotos de negros ojos a planificar
secretas matanzas mientras, bajo una lumbre azul,
en horrenda conferencia sus cómplices escuchan,
sobresaltándose al menor gemido del viento o sonido;
o que el peregrino maldiga a menudo tu presencia
cuando, alcanzado por ti en las desolaciones de Arabia,
escucha a las tierras salvajes infestadas de monstruos
aullar a su alrededor mientras, sobre su canosa cabeza,
entre negras ráfagas se abate sin cesar la tormenta?;
aun así, más deleite genera en mi ánimo pensativo
tu retorno que la llegada de la floreciente mañana,
incluso durante el joven orgullo del temprano mayo,
cuando desde los portales del azafranado Este
avanza ella esparciendo divino rocío y rosas frescas.
Sin embargo, su venida no deja de ser agradable
cuando aparece vestida en nubes y goteando húmeda,
mientras a través del aire gruñe el tormentoso Sur,
ennegreciendo el rostro de todo el paisaje y velando
bosques y colinas tras vagos vapores sin forma;
los afligidos cantores de las arboledas entristecidas
no saludan al ceñudo tiempo gris; los agitados olmos
que, encanecidos por el tiempo y apiñados entre sí,
rodean en majestuosas hileras alguna casona rural
permanecen mudos, sin los desafinados clamores
de grajos haciendo alboroto en sus altas frondas;
las mojadas aves de corral se refugian en el cobertizo,
en taciturno grupo; segura se encierra la aldeana
junto al crepitante hogar, sin desafiar la tormenta;
el arado descansa fijo sobre un surco sin terminar;
los bosques no resuenan con los animados gritos
del cazador madrugador; el mundo reposa en silencio
y una profunda tristeza envuelve el rostro de todo.

Aunque en el dulce canto de Pope las tres gracias
alienten y el más feliz arte adorne su página ática[9],
mi espíritu arde con más agradables transportes
cuando, reclinado a las raíces de un musgoso tronco,
en el mágico canto y los salvajes gorjeos de Spenser
veo a la abandonada Una[10] vagando en soledad

[8] Gélida región que abarca todo el norte escandinavo.

[9] Alusión al refinado neoclasicismo que caracterizaba el estilo de Pope.

[10] Nueva referencia a un personaje de *La reina de las hadas*, de Spenser.

por yermas desolaciones y aterradores páramos,
perdida y extenuada, que cuando la malhadada bella[11]
sobre el brillante seno del plateado Támesis
navega, ornada con todo el lustre de su brocado,
en medio de los esplendores de un sol radiante:
la alegre descripción pronto agobia los sentidos
y deja la fría impresión de una dicha desteñida.

¡Oh, hijos de la florida isla de Albión[12] cuyas frentes
han sido ceñidas por la corona del amor sin suerte!,
¿hay placer que iguale al de ese ánimo contemplativo
cuya magia alguna vez a vuestras almas brindó alivio?
¡Oh, cuán embriagante gozo hay en dejarse llevar
por la consoladora voz de la Melodía; o en pisar
con inciertos pasos las verdes laderas en la noche
y desahogar nuestra tristeza bajo la piadosa luna,
interrumpidos cada tanto por el pausado canto
del ave nocturna; o en meditar en algún bosque
enmarañado, junto a un sombrío arroyo, y olvidar
allí la solemne monotonía del tedioso mundo,
mientras la Fantasía persigue bellezas ilusorias,
tras lo cual el oído abstraído deja de percibir
el rítmico murmullo de las aguas, y el ojo hechizado
deja de penetrar a través de las interminables hileras
de apiñados árboles, hasta que el golpe del leñador
en el bosque profundo o las distantes campanas
del ganado atravesando los matorrales alarma
a los sentidos y nos arranca de ese ensueño dorado!
Estos son deleites que la triste ausencia ha hecho
a menudo familiares a mi alma desde que mis ojos
por primera vez vieron la figura de la joven Safira[13],
bella como la Primavera cuando, al ser despertada
en su lecho de violetas por el travieso Céfiro,
con gracia levanta su tierna mejilla y, sonrojándose,
de su glorieta inmediatamente salta para ir a vestir
el amable mundo en sus alegres y brillantes verdes;
estos son deleites desconocidos para los profanos,
y que sólo las almas melancólicas pueden disfrutar.

Y dejadme oír a menudo, durante la misa vespertina,
el coro mientras, acompañando las armónicas voces,
los distintos registros del órgano repican por encima

[11] Alusión a Belinda, personaje del poema *The Rape of the Lock (El rizo robado)*, de Pope.

[12] Antiguo nombre dado a Gran Bretaña. Aunque de origen incierto, suele ser asociado al blanco color de los acantilados de Dover, frente al canal de la Mancha.

[13] Nombre literario genérico de ninfas y doncellas.

del claro y lento canto llano o la variada antífona
hasta que mi alma entera queda colmada de éxtasis
y envuelta en el paraíso. O dejadme sentarme
lejos, en alguna nave aislada del profundo recinto,
para allí escuchar a solas esos sagrados himnos
que, al rebotar a través de las góticas bóvedas,
como sordos murmullos llegan a mis cautivos oídos.
Y, cuando las lámparas comiencen a expirar para dar
paso a la noche y regrese la soledad, no abandonaré
la solemne mansión, sino que observaré con atención
las pausadas oscilaciones del péndulo del reloj
al medir el vuelo del Tiempo con pasajero sonido.

Y no permitáis que deje de cultivar mi mente
con las agradables emociones de la musa trágica,
la divina Melpómene[14], dulce madre de la Piedad,
reina del andar majestuoso y los paños mortuorios.
Dejad, pues, a Monimia[15] dolerse con húmedos ojos
por sus placeres incestuosos y su corrupto amor;
a la amable Julieta, en el abierto féretro, depositar
un último beso sobre los labios de su fiel Romeo,
en los que aún puede percibirse el mortal veneno;[16]
a Jaffier[17] arrodillarse por una mirada de perdón;
y no menos al moro descargar sobre Desdémona
las rabiosas amenazas de sus celos infundados.[18]
Entonces, gradualmente, el varonil torrente asoma
a mis hinchados ojos y, ante el dolor de un hermano,
mi corazón se funde en lágrimas de compasión.

¿Y qué son los chillones esplendores de la corte,
sus vistosos oropeles y sus pomposas procesiones?
Mucho más feliz me parece el señor desterrado
en medio de las desoladas tierras salvajes de Siberia
que, encerrado en un castillo, languidece en soledad
en una decrépita cámara cuya oscura ventana
se abre a extensas llanuras carentes de caminos,
y por las que sin cesar el Invierno conduce su carro,
mientras sus ojos ven objetos siempre repetidos:
las sombrías almenas, los chapiteles invadidos
de hiedra que coronan aquellas cúpulas solitarias
y el lento reloj que, en el más alto de los torreones,

[14] Musa de la tragedia, una de las nueve musas clásicas hijas de Zeus y Mnemósine.

[15] Protagonista de *The Orphan (La huérfana)*, tragedia de Thomas Otway (1652-1685).

[16] Clara alusión al final de la tragedia de *Romeo y Julieta*, de Shakespeare.

[17] Protagonista de *Venice Preserved (Venecia salvada)*, otra tragedia de Otway.

[18] Alusión a *La tragedia de Otelo, el moro de Venecia*, de Shakespeare.

puede oírse desde lejos en los inhóspitos páramos
cuando con monótonos sonidos despierta al mundo
a nuevas penas; mucho más feliz me parece él
que el orgulloso y poderoso sátrapa que quedó atrás,
en medio de los dorados palacios de Moscú,
ahogando en lujos y molicie sus festivas horas.

Visiones de belleza causan en la mente del observador
una débil felicidad, y apenas si fascinan la mirada
o conmueven con rápido impulso el impasible corazón.
Así, vistos por el pastor desde la cumbre del Himeto[19],
¡qué dedálicos paisajes sonríen! Aquí se levantan
arboledas en las que antaño resonó la voz de Platón,
y entre cuyas verdes sombras el eterno olivo eleva
su plateada cabeza; allí, colinas cubiertas de vides
extienden toda su florida provisión y soleados valles
estiran sus apacibles faldas en vastos escenarios
entre cuyas bellezas brillan las columnas de Atenas.
Aunque a través de estos maravillosos paisajes el Iliso[20],
cuyas aguas proporcionan la sabiduría, serpentee
bajo la densa sombra del laurel, y aunque la rosada
Aurora derrame sus esplendores sobre toda la escena,
aun así el canoso eremita experimenta más auténticos
placeres cuando, sobre el peñasco que arroja su sombra
sobre su caverna, ve a las ruinas de la caída Persépolis[21]
ocultar en tumultuoso montón el lúgubre páramo.
¡Ilimitada desolación! Aquí el deteriorado obelisco,
como un roble alcanzado por el rayo, asciende
a las nubes; allí, cúpulas parias[22] alzan sus bóvedas
hórridamente astilladas bajo las cuales ahora
el ladrón merodea, la serpiente enrosca sus anillos
y el murciélago emprende su vuelo al anochecer,
antaño las moradas del arte, el lujo y la elegancia.
Aquí se ven templos en cuyas sagradas estructuras
se elevan ahora negros pinos, mientras, en las calles
otrora holladas por mercaderes, crece la hierba;
allí, columnas se recuestan sobre columnas caídas,
arrancadas de sus bases, e incrementan la ruina.
Tan lejos como el ojo llega se extienden los restos
de una perdida magnificencia, un variado escenario
de monumentos, templos, arcos, cúpulas y palacios
en los que reina, con su hermano el Horror, la Ruina.

[19] Monte situado al sur de Atenas, célebre en los mitos por la dulce miel de sus abejas.

[20] Río del Ática que, descendiendo del monte Himeto, fluye por las llanuras de Atenas.

[21] Antigua capital del imperio persa, saqueada por Alejandro Magno en el 331 a. C.

[22] Alusión al preciado mármol que se extraía de la isla griega de Paros, una de las Cícladas.

¡Oh, por eso ven, Melancolía, reina del pensamiento!
Ven, con tu mirada pura y tu paso majestuoso,
abandonando tu cueva enriquecida con tristes tejos
donde siempre te sientas a oír el solemne sonido
del lejano toque de queda, y, con tus devotos cabellos
adornados con ramas de ciprés, bendice a tu hijo.
Y no dejes que Eufrósine seduzca con juguetes
de disipada alegría a mi mente concentrada
ni que extienda en mi camino sus vistosas guirnaldas.
Aunque entre su séquito la siempre sonriente Hebe
ofrezca su rosáceo pecho a la vista enamorada;
aunque Venus, madre de las Sonrisas y el Amor,
y Baco, coronado de hiedra, entre limoneros
la agasajen con frutos rebosantes de néctar;
y aunque ella apacigüe los cielos encapotados
y a su dulce presencia las amenazantes nubes
se disipen en el aire y sobre el rostro del cielo
un nuevo día difunda su luminoso esplendor,
aun así los placeres que la Melancolía proporciona
son mucho más felices que todos sus vacuos deleites,
estos profundos placeres que enseña la Contemplación.

¡Por todo ello, hermosa Contemplación, te saludo!
Contigo comenzó, auspiciosa doncella, mi canto,
y contigo terminará, pues tú eres mucho más bella
que las ninfas de la musgosa gruta de Cirra[23]
y puedes llevar al pensamiento a más elevados
éxtasis que todos los alabados poderes de la poesía.
¡Salve, divina reina!, a quien, según narra la tradición,
una vez en su caminata vespertina un druida
encontró, en un claro de los bosques de Mona[24],
y piadosamente condujo con hospitalaria mano
al cercano refugio de su morada de robles,
donde pronto el sabio, admirado, advirtió
el amanecer de tus hábitos reflexivos y cavilosos,
pues cuando aún eras una infante amabas yacer
escuchando profundamente el rugir del Menai,
corriente sagrada de los druidas, entre los bosques.

[23] Región portuaria de Grecia, cercana al oráculo de Delfos.

[24] Antiguo nombre de la isla de Anglesey, cercana a la costa de Gales, de la que sólo la separa el estrecho de Menai.

James Macpherson

La canción de Colma

Se ha hecho de noche y me encuentro sola,
desamparada en la colina de las tormentas.
Oigo el aullido del viento entre las montañas
y escucho al torrente gemir entre las rocas.
Ninguna cabaña me guarece de la lluvia;
estoy desamparada en la colina de los vientos.

¡Elévate, oh, luna, de detrás de las nubes!
¡Asomaos, estrellas del cielo! ¡Conducidme
con vuestra luz al lugar en el que mi amor
descansa y se repone de las fatigas de la caza,
con su arco cerca, listo para ser disparado,
y sus perros jadeando a su alrededor!
Mas debo permanecer aquí, sentada sola,
junto a la musgosa roca del arroyo.
La corriente y el viento rugen con furia
y no me permiten oír la voz de mi amado.

¿Por qué te demoras, mi Shalgar? ¿Por qué,
hijo de las colinas, faltas así a tu promesa?
Aquí está la musgosa roca, aquí el árbol
y aquí el arroyo que ruge en su fluir.
Prometiste estar aquí al caer la noche.
¡Ah!, ¿a dónde se ha ido mi Shalgar?
¡Déjame ir contigo, oh, padre mío,
oh, mi hermano de orgullo! Nuestros clanes
han sido enemigos durante mucho tiempo,
pero nosotros no lo somos, ¡oh, mi Shalgar!

¡Oh, vientos, aquietaos por unos instantes!
¡Oh, arroyo, haz silencio por un momento!
¡Dejad que mi voz se escuche en el páramo,
dejad que mi extraviado pueda al fin oírme!
¡Shalgar, es a ti a quien estoy llamando!
¡Aquí está el árbol, aquí está la roca,
aquí está el arroyo con su incesante rugir!
¡Oh, Shalgar, mi amor, aquí estoy yo!
¿Por qué demoras tanto tu llegada?
¡Oh, ay de mí, nadie responde a mi voz!

¡Ved! Sale la luna y el arroyo brilla en el valle,
las rocas se revelan en la cuesta de la colina,
mas no veo a mi amor de pie en la cumbre
ni escucho a sus perros anunciar su llegada.
Aún debo permanecer aquí, sentada sola,
junto a la musgosa roca del arroyo.

Mas ¿quiénes yacen allí lejos en el páramo?
¿No son acaso mi Shalgar y mi hermano?
¡Oh, habladme, amigos! No me responden.
Mi alma se ve asaltada por funestos temores.
¡Ah, están muertos! ¡Sangre tiñe sus espadas!
¡Hermano!, ¿por qué has matado a mi Shalgar?
¡Shalgar!, ¿por qué has matado a mi hermano?
¡Ambos me erais queridos! ¡Respondedme,
hijos de mi amor! ¡Ay, permanecen en silencio,
en silencio para siempre, fríos como la piedra!

¡Oh, habladme, fantasmas de los muertos,
desde la roca de la colina, desde la cumbre
de la montaña de los vientos, habladme
y no temeré! ¿A dónde habéis ido a reposar?
¿En qué gruta de la colina os encontraré?
Tomo asiento afligida; esperaré el amanecer
derramando lágrimas. ¡Abrid una tumba,
amigos de los muertos, pero no la cerréis
hasta que llegue yo! Como un sueño, mi vida
huye de mí: ¿por qué debería quedarme atrás?

Aquí descansaré junto a mis amigos,
a un lado de la vieja roca del arroyo.
Y cuando la noche caiga en la colina,
cuando el viento sople sobre el páramo,
mi fantasma se levantará entre las ráfagas
y llorará la muerte de mis seres amados.
El cazador me oirá entonces desde su tienda;
temerá al oírme, mas amará mis acentos
ya que dulce será mi voz por mis amigos,
pues agradables fueron ellos para mí.

Thomas Chatterton

Elegía

Apesadumbrado busco la umbría solitaria
  donde la lóbrega Contemplación vela la escena;
el oscuro retiro, rodeado de ramas sin hojas,
  donde la mórbida Tristeza humedece la hierba;

las tenebrosas ruinas de la abadía sagrada,
  pisada antaño por los hijos de la Superstición,
donde ahora unos suelos musgosos delatan
  que conocemos más, pero adoramos menos, a Dios.

Allí, mientras afligido recorro una sombría nave,
  a través de una amplia ventana ahora despojada
de sus misteriosas tracerías el lejano bosque
  y las oscuras aguas del Avon cautivan mi mirada.

Mas pronto el velo del anochecer se despliega
  y el azul asume poco a poco un tinte azabache;
las fascinantes vistas comienzan a desvanecerse
  y la Naturaleza parece llorar su lento disiparse.

El Miedo repta en silencio por la penumbra,
  se sobresalta con cualquier hoja que cruje,
mira a todos lados y, aterrado al ver las tumbas,
  preso de todas las agonías del Infierno huye.

Los arroyos fluyen entre lastimeros murmullos;
  y, con un incesante chillido, el ave de mal agüero
arrulla la mente al sueño de la contemplación
  y despierta el alma a melancólicos pensamientos.

Una sombría quietud se adueña de todo el lugar;
  tras las nubes, un brillo mortecino la luna emite;
pesaroso busco el valle y la colina en tinieblas;
  por donde quiera que vague, la tristeza me sigue.

Elegía escrita en Stanton Drew

Con tristeza saludo a la solemne aflicción,
con tristeza observo los vastos y toscos pilares[1]
hollados antaño por el demonio de la Superstición,
manchados por el sangriento humo de sacrificios
y erigidos sobre un negro cimiento de tumbas,
el equivocado homenaje a algún dios desconocido.
¡Oh, Fantasía!, ¿por dónde estás divagando?,
¿a dónde has dirigido tus rápidas alas?
Controla el salvaje deleite de tu vuelo.
¡Ah!, ¿de qué sirve esta espantosa visión?
¡Maria[2] ya no está en este mundo!
¿Por qué, maldito recuerdo, acosas mi mente?
Las dichas del pasado son ahora miseria.
Sobre su hermosa frente blanca
su aún más hermosa alma se revelaba,
suave como la brisa del anochecer
cuando sopla perfumes sobre el valle de rosales;
ella era mi felicidad, mi alegría más refinada.
Os saludo, solemnes horrores de esta escena,
roble alcanzado por el rayo, sombrío verde
y espantosos altares frente a los cuales
el sacerdote druida, teñido de escarlata,
antaño entonaba solemnes cánticos
mientras dirigía su dorada daga
al palpitante asiento de la vida
y hórridos alaridos invadían los valles distantes,
el ensangrentado cuerpo se doblaba,
el brillante arroyo púrpura ascendía
y el atormentado espíritu cercano
se elevaba en el aire humeante;
de nuevo entonaban entonces el cántico sagrado
y otra vez los valles y colinas distantes resonaban.
¡Apresúrate, alma de mi amada Maria,
mientras mi abatido humor se distrae!
Cuando de esta prisión mía se libera,
atrapa a mi alma, que hacia ti vuela.
Doblemente su dardo la Muerte armó
y, al atravesarte a ti, atravesó también mi corazón.

---

[1] Stanton Drew es una aldea inglesa célebre por los prehistóricos círculos de piedras que aún se yerguen en sus afueras.

[2] Quizás por Maria Rumsey, joven que mantuvo correspondencia con Chatterton y fue mencionada en algunos de sus poemas, si bien no murió en vida del autor.

Charlotte Smith

En las ruinas de una capilla desierta

Veloces flotan las henchidas nubes a través del cielo,
  aterrada bajo la tormenta la tierra parece temblar,
mientras que sólo los seres infortunados como yo
  buscan los helados horrores de la feroz tempestad.

Ni aun alrededor de las ruinas, en busca de alimento,
  el famélico búho osa emprender su nocturno vuelo,
ni tampoco en su cueva, en lo profundo del bosque,
  el zorro se atreve a enfrentar la furia de los elementos.

Pero agradable a mi corazón es este oscuro temporal
  que me mantiene lejos de un mundo que deseo evitar:
ver a la Ruina abatir sobre las tumbas sus estragos
  se aviene a la melancólica tristeza de los desdichados;

ni son esta profunda oscuridad y estos cortantes vientos
tan negra como mi destino o fríos como mis tormentos.

En una aldea nevada bajo la luna

Mientras vago, triste y desdichada, sin encontrar
  en el cambio de lugar cambio alguno a mi dolor,
en tranquilo sueño reposan los humildes aldeanos
  y disfrutan de esa quietud que yo persigo en vano.

En silencio está la aldea, y débilmente resplandecen
  los agonizantes rescoldos a través de la ventana
de esa cabaña de paja, mientras la pálida luz lunar
  sobre la cegadora nieve derrama un lustre glacial.

Por el frío páramo, en medio de la gélida noche,
  deambulo desolada casi sin mirar hacia dónde;
para mí, oh, pálido ojo del anochecer, tu suave brillo
  no lleva a ningún feliz hogar; mi fatigoso camino

no conduce sino a tristes vicisitudes de preocupación:
sólo huyo de la duda para encontrar la desesperación.

En un cementerio de Middleton

Empujado por la luna, muda regente de las mareas,
  mientras el alto equinoccio suma a ella su poder,
  el mar ya no pone límites a sus caudalosas aguas,
sino que sublime sobre las menguadas tierras avanza.

Las salvajes ráfagas, surgiendo de la caverna occidental,
  levantan de su agitado lecho a los inmensos oleajes,
  que arrancan a los muertos de sus verdes sepulturas[1]
y quiebran de ese modo el silencioso reposo de la tumba.

Mezclados en la costa con conchillas y algas marinas,
  sus huesos se blanquean bajo las incesantes olas,
  mas en vano sobre ellos se ensañan aguas y vientos,
pues ya no pueden oír el tumulto de los elementos;

en cambio yo, oprimida por la larga tormenta de la vida,
estoy condenada a ver su espantoso descanso con envidia.

[1] Middleton es una aldea a orillas del mar, en Sussex, que consta de apenas un puñado de casuchas. En un principio había varios acres de terreno entre su pequeña iglesia y el mar, pero ahora, por la continua erosión, sólo unos pocos pies median entre las aguas y ese humilde edificio parcialmente en ruinas. El muro que antaño cercaba el cementerio ha sido completamente arrasado, muchas tumbas fueron socavadas, y los restos de los muertos inhumados fueron arrastrados por las olas, por lo que entre las arenas y conchillas de la costa es posible apreciar gran cantidad de huesos humanos. *(Nota de Charlotte Smith).*

A la luna

¡Oh, reina del arco plateado!, bajo tus pálidos rayos,
  sola y pensativa, amo salir a vagar sin rumbo
para observar tu sombra temblando en la laguna
  o seguir a las nubes que por tu senda se cruzan.

Mientras así te contemplo, tu dulce y plácida luz
  derrama una suave calma sobre mi pecho agitado,
y, ¡oh, bello planeta de la noche!, a menudo pienso
  que en tu esfera los miserables encuentran sosiego.

Quizás todos los que sufren en la tierra asciendan,
  al ser liberados por la muerte, a tu benigno orbe
y los infortunados hijos de la Desesperación y la Pena
  olviden, estando en ti, la copa de su tristeza terrena.

¡Oh, quisiera pronto en tu sereno mundo dejar detrás,
pobre peregrina desdichada, este escenario de pesar!

Gavin Turnbull

Elegía

¿Son estos los lugares donde el genio ama morar?
¿Estas tristes, luctuosas y melancólicas umbrías?
Dime, tú que has recorrido los lóbregos laberintos,
¿qué desgarradora angustia es la que aquí habita?

Pensaba que las musas amaban las floridas sendas
donde sin obstáculos vagan la Dicha y los Placeres,
donde la amable Paz ha fijado su dulce residencia
y el agradable Contento domina todo eternamente.

Creía que los poetas pasaban sus gozosas horas
reclinados a la sombra en despreocupado descanso
mientras oleadas de felices ideas poblaban sus mentes
cual paraísos elíseos con espíritus bienaventurados.

Que la taciturna Experiencia cuente la dolorosa verdad:
cómo las vigilias de estudio son fuente de pesar,
cómo el pensamiento marchita la flor de la juventud
y cómo hace a las sinceras lágrimas de angustia brotar.

Allí se sienta la Melancolía, con espeluznante mirada,
mientras desgarradoras ideas se debaten en el alma;
allí el afligido Desconsuelo reclama a menudo un suspiro
y pone en duda los pensamientos de un feliz mañana.

Veo a los dichosos hijos de la Alegría y la Jovialidad
pasar sus agradables horas en actividades festivas;
ningún tierno sentimiento puede afectar su júbilo
ni tristes ideas pueden menguar sus amplias sonrisas.

En vano doy vuelta la página de antigua sabiduría
para apaciguar al furioso demonio de la desesperación;
en vano exploro los divinos volúmenes de filosofía
para disipar esta agotadora carga de preocupación.

Pues la pálida enfermedad, desgraciado resultado de ello,
marchita los placeres que al corazón traen deleite,
aterradoras pesadillas infestan mis breves reposos
y con su dardo en alto se acerca amenazante la Muerte.

Oda a la Melancolía

¡Doncella de siempre abatida mirada
que, cuando la noche se aproxima,
sueles dirigir tus tortuosos pasos,
bajo el solemne gris crepuscular,
en busca de los solitarios caminos
rara vez hollados por el pie humano,
a través de colinas, bosques sombríos,
tristes hondonadas, tumultuosos ríos
y los más solitarios camposantos,
vagando por esos parajes desolados
donde a menudo, según se cuenta,
aúllan los espectros de la noche,
o donde unas viejas ruinas asoman,
antaño morada del lujo y el poder,
para deleitarte en los funestos gritos
del cuervo y el búho en las sombras;
ven, Melancolía, sobria doncella,
engalanada con todos tus encantos;
ven, serena ninfa, y hazme sin vacilar
parte de tu meditabunda cofradía!

Endecha

Bajo la fúnebre sombra de este tejo
  me sentaré, resignado ya a mi pena,
y con mis lágrimas hincharé el arroyo
  que a su lado murmura hondas quejas.

¡Ven, noche, con tu manto neblinoso,
  aposéntate en este amplio valle,
y que ni un rayo inspirador de dicha
  profane este reducto de pesares!

¡Comenzad a cantar, aves nocturnas,
  y entonad vuestros lúgubres trenos;
búhos, cuervos, prolongad las notas
  agitando vuestras alas de ébano!

¡Aullad alto, espíritus del viento,
  y proferid vuestros gritos de dolor:
agradable es vuestra triste música
  al oído de miserables como yo!

Ni todos los horrores del sepulcro,
  donde de noche gimen los fantasmas,
ni la negrura del Érebo[1] se acercan
  a la oscuridad de mi alma torturada.

Sin amigos, por tierras desoladas,
  vago solo en perpetua penumbra,
y no espero alivio alguno a mi pena
  salvo en el ansiado abrazo de la tumba.

---

[1] El Érebo era la parte más oscura del Hades.

ÍNDICE

www.ingramcontent.com/pod-product-compliance
Lightning Source LLC
La Vergne TN
LVHW050544160826
845677LV00011B/2170